经济学导论 奥地利学派

［美］史蒂文·霍维茨◎著

风灵◎译

Austrian Economics

An Introduction

上海三联书店

推荐序

奥地利学派经济学（简称"奥派经济学"或"奥派"）属于经济科学中的元经济学，占据了经济学最核心、最根本的部分，其创始人所提出的主观价值论、边际效用论和个体主义方法论是现代经济学最重要的根基。此外，奥地利学派经济学也是有关真实世界的真实人的真实行动的经济学，强调挖掘经济现象的本质和精确的经济规律，在经济分析中发挥"弘济万品，典御十方"（引自《集王圣教序》）的作用。由此可见，掌握了奥派经济学就等同于配备了经济运行问题与经济政策问题的火眼金睛。

美国前总统候选人罗恩·保罗和阿根廷现任总统米莱就是奥派经济学的拥趸，尤其是米塞斯和哈耶克的拥趸。米莱总统的近期举措引起全球范围内各阶层的广泛关注，日渐把奥派经济学推向一种显学地位。

本书作者史蒂文·霍维茨是奥地利学派经济学研究的权威人物之一，擅长从奥地利经济学视角分析经济的微观基础，再从微观基础拓展分析宏观经济，他的分析立基于奥地利学派经济学的方法论和其他理论，并贯通了微观和宏观层面。

霍维茨的这本《奥地利学派经济学导论》发挥了其自身特长，分十一章较为系统连贯地介绍和分析了奥地利学派经济学的理论和方法，以及该学派的发展脉络。第一章作了引论之后，第二章至第四章介绍门格尔其人、其思想，及奥地利学派的方法论和微观经济学。这个视角非常有意义，引介了奥地利学派的知识基础，为展开引介其他奥派理论作了铺垫。其他各章介绍了奥地利学派的市场过程理论、经济周期理论、经济体制理论、竞争与企业家理论、知识论、奥地利学派的宏观经济理论，甚至总结了 21 世纪奥派经济学的发展，提出了未来展望。

本书是一部很重要的奥派引介专著，不仅与现有奥派引介著作形成了互补，还特别结合了时代背景，植入了对哈耶克理论和哈耶克与凯恩斯之间论战内容的引介。本书对于国内读者必然开卷有益，特此推荐。

冯兴元

中国社科院研究员，《西方现代思想丛书》主编

2024 年 8 月 7 日

译者序

理想的奥派经济学入门书

第一次看到霍维茨教授的《奥地利学派经济学导论》，我就知道这正是我想要的奥派经济学入门书。

如今，全世界各地的奥派经济学爱好者越来越多，国内的影响也在持续增长，然而，受到吸引的读者往往没有接受过正规的经济学训练。一直以来，学习奥派经济学都面临缺乏合适入门读物的难题。爱好者或者直接阅读奥派大师的作品，如门格尔的《国民经济学原理》、米塞斯的《人的行为》，但这些著作并不是写给初学者的；或者求助一些奥派经济学家所写的教材，虽然这些教材有奥派元素，但并不是专门介绍奥地利学派的。此外，作为爱好，初学者难以保证有足够的时间和精力投入其中，导致很多人对奥派的了解多是一鳞半爪，甚至只知道一些论断或名人名言，而不知其来龙去脉，更不知其所以然。

眼前这本小书可谓出色地解决了这道难题。

首先，本书具有鲜明的奥派特征。如作者霍维茨所说："奥地利学派所强调的主观主义、不确定性和知识的重要性，以及该学派将市场视为自发有序的发现过程的观念，为从最基本到最复杂的经济现象提供了一种不同的且更为现实的解释。"为了让读者深刻理解奥地利学派的这些特征，本书将奥派的经济分析与标准主流经济学教科书的对比作为贯彻始终的重点。

特别值得强调的是，本书并不像一般教科书那样，抽离历史背景，只是逐一介绍各种概念、理论及其应用，而是大致按照各个具体思想成为奥派关注焦点的历史顺序来讨论。比如，本书以门格尔发起的边际革命为背景，介绍奥地利学派建立在主观主义和方法论个人主义基础上的微观经济学；以哈耶克与凯恩斯之争为背景，介绍奥地利学派的商业周期理论；等等。这样，读者不仅了解了概念和理论，也了解了它们在奥派传统中的产生、发展和演变。本书也因此具有很强的可读性，如讲故事一般起承转合、娓娓道来，引领读者走进奥地利学派起伏跌宕的百年轮回。

另外，本书也系统性地提供了经济学的入门知识，即使完全没有经济学基础，读者也能从本书开始，一窥其中门径。相比某些经济学教科书的繁芜深奥，本书内容编排系统全面，逻辑清晰，要言不烦，对一些基本概念，如"边际效用""边际效用递减""机会成本"等，定义十分精准简明，再辅以适当的例子解释，初学者很容易就能把握。此外，原本复杂的奥地利学派特色的宏观经济学（或者说货币理论）在本书中也得到了深入浅出的阐述，不再令初学者望而生畏。

本书篇幅不长，一共分为十一章，仅有 100 多页，但读者阅读完本书，不管是对个人生活、市场现象，还是经济政策，都会有不一样的洞察。同时，书中内容按主题编排，也具有相当的学术性，即使对奥地利学派已经有广泛了解的学者，也可以通过本书查漏补缺，梳理知识框架。

本书作者霍维茨教授是奥地利学派新一代代表人物之一。如其所说："现代奥地利学派的概念与其曾经的巅峰时期或低谷时期都已截然不同，这些思想也要以与该学科现状相关的方式重新表达。"因此，本书特别关注 20 世纪复兴至今奥派的最新发展，包括微观方面的企业家精神与市场的发现过程，宏观方面的自由银行、货币均衡理论和经济周期理论的各种扩展，并结合其他相关学派（如公共选择学派、布卢明顿学派）的发展成果，为读者呈现出一幅与时俱进、生机勃勃的新时代奥派学术图景。

我曾将本书英文版用于经济学双语阅读训练，深受学习者好评，这也促使我将其翻译为中文，让更多读者从中受益。本书最终得以出版，要特别感谢何非老师和上海三联书店的努力，感谢编辑李老师、皇甫老师的精心编辑。此外，中国社科院冯兴元教授、台湾清华大学黄春兴教授、复旦大学韦森教授、浙江工商大学朱海就教授对本书翻译的认可和提点也让我深受感动。

如当代奥派领军人物贝奇教授所说："经济学是一门至关重要的学科，它处理的是至关重要的问题：贫与富，生与死；

经济学是一种了不起的框架，供我们思考现实世界中的人类行为（包括人类一切活动）；而且经济学充满了乐趣。"让我们从这本书中开启奥派经济学的奇妙旅程吧！

风灵

2024 年 8 月 3 日

C目录
ontents

第一章

百年轮回

第一章　百年轮回

在过去几十年里，奥地利学派经济学重新受到了人们的关注。它支持自由市场的政策结论以及与自由意志主义的联系，在学术和公共辩论中发挥着越来越大的作用。由于奥地利学派的观点经常被用来解释繁荣与萧条的周期，因此在次贷危机和经济大衰退期间，这种关注变得更为强烈，此外，罗恩·保罗（Ron Paul）[1]在2008年和2012年的总统竞选活动也让该学派的一些理念成为流行政治话语的一部分。过去一段时间，越来越多的年轻人把学习奥地利学派作为正式大学教育的一部分，这是因为越来越多拥有博士学位的经济学者接受的是奥地利学派经济学的训练，而他们自己也在学院和大学里教书，并作为公共知识分子为各种媒体撰稿。

奥地利学派的思想在公众面前的存在感日益增强，这或许让人觉得这种经济学方法是一种新事物。然而，事实并非如

---

[1] 罗恩·保罗（1935—　），美国众议员，多次竞选美国总统。他在竞选中多次提及奥地利学派的商业周期等理论。——译者注

此。奥地利学派的历史可以追溯到 19 世纪 70 年代的经济思想革命，这场革命创造了现代经济学方法。在 20 世纪初以及随后的几十年里，奥地利学派是经济学的主导学派之一。但是，到了 20 世纪 30 年代，因为两种新的发展态势，奥地利学派的影响力被削弱了。首先，大萧条时期出现的宏观经济学凯恩斯主义革命抛弃了奥地利学派的观点。差不多在同一时期，微观经济学也越来越多地运用形式数学术语来表达，经济问题成了特殊类型的工程问题。这两种经济学研究方法的改变都与奥地利学派的方法格格不入。因此，从"二战"前后直到 20 世纪 70 年代初，奥地利学派几乎消失了。

20 世纪 70 年代初，一系列重大事件的再次交汇创造了条件，让奥地利学派的学术活动和声誉得以复兴。这一时期，高失业率和高通货膨胀率并存，而根据当时流行的（广义）凯恩斯主义经济学模型，这被认为是不可能的。主流宏观经济学无法解释出了什么事，这为其他经济学方法打开了大门。尤其是 1974 年发生的两件事情，帮助奥地利学派重新回到学术对话之中。首先，弗里德里希·哈耶克（Friedrich August Hayek）被授予诺贝尔经济学奖，以表彰他在货币理论和宏观经济学方面的研究，以及他对理解价格体系的信息属性所作出的贡献。这些研究都属于奥地利学派经济学传统。同年，哈佛大学哲学家罗伯特·诺齐克（Robert Nozick）出版了后来获得美国国家图书奖的重要著作《无政府、国家和乌托邦》（*Anarchy*,

State, and Utopia），这本为自由意志主义政治哲学辩护的著作也受到了奥地利学派思想的影响。[1]哈耶克的诺贝尔奖和诺齐克的著作不仅影响着公共辩论，也将奥地利学派经济学的讨论重新提上了不同学科学者们的议程。

这些事件，加上伊斯雷尔·柯兹纳（Israel Kirzner）在前一年出版的《竞争与企业家精神》（*Competition and Entrepreneurship*），标志着奥地利学派复兴的开端，自那以后，这场复兴一直在持续。过去 10 年里，奥地利学派的复兴得以加速进行，这要感谢主流经济学的"无能"，它无法预测和解释经济大衰退。[2]20 世纪 70 年代以后，奥地利学派慢慢跻身主流经济学的对话之中，如今，它正以前所未有的方式影响政策分析和公共辩论。尽管没有可靠的数据，但几乎可以肯定，继承奥地利学派传统从事研究的专业经济学者从未像今天这么多。

奥地利学派的起源是 19 世纪 70 年代发生的经济学"边际革命"（Marginal Revolution）。这场革命从根本上改变了经济学家理解价值概念（the concept of value）的方式，对经济学的主题和方法产生了重大影响。19 世纪 70 年代以前，一件商品或一项服务的价值通常以生产它的成本，尤其是生产涉及的劳动来解释。从亚当·斯密（Adam Smith）到卡尔·马克

---

[1] 罗伯特·诺奇克：《无政府、国家和乌托邦》（New York: Basic Books, 1974）。

[2] 伊斯雷尔·柯兹纳：《竞争与企业家精神》（Chicago: University of Chicago Press, 1973）。

思（Karl Marx），几乎所有主要的经济学思想家都以某种方式接受了"劳动价值论"（labor theory of value）。劳动价值论有若干明显的问题，包括如何将性质不同的劳动简化，以同一种标准来衡量，以及如何解释意外发现的事物的价值。早期的经济学家竭尽所能，试图以他们的方式来解释这些谜题，就像托勒密（Ptolemy）借助粗糙的数学技巧，努力让他的太阳系地心说模型具有预测上的准确性。这些解释的特殊性质为一种新的系统性价值解释创造了机会，这种系统性解释以边际革命的形式出现，相当于天文学上的哥白尼革命。

19世纪70年代初，三位思想家改变了经济学的研究方式，他们明确指出，一件商品或一项服务的价值是消费者对其手头所需的特定数量（所谓"边际"数量）的商品或服务的效用的主观评价的结果。商品既没有内在价值，其价值也不是由生产它们的劳动量或其他投入来决定的；相反，商品之所以具有价值，是因为人们认为它们是有用的，而商品所具有的特定价值量则取决于满足用户具体需求所需的特定数量。

这三位思想革命者中的两位——英国的杰文斯（William Stanley Jevons）和瑞士的瓦尔拉斯（Léon Walras）采取了一种数学方法，运用"边际性"（marginality）的概念建立模型，以简单微积分来表达他们关于效用的新观点。相比之下，三位思想革命者中的第三位就看待价值的这种方式，详尽地阐述了另一种不同理解，其比其他两位更强调经济价值的主观性，强调选择的"边际"是由作出选择的人的想法决定的，而不是一个抽象的数学概念。这第三位革命者是卡尔·门格尔（Carl Menger），是维也纳大学的一位教授。门格尔在1871年的《国民经济学原理》（*Principles of Economics*）中提出的经济学方法成为后来所谓"奥地利学派"的基础。除了强调价值的主观本质外，门格尔经济学的核心是人类知识，以及为什么人类知识的局限性表明了我们必须持续不断地应对不确定性。对于门格尔来说，经济学是一门研究人类如何努力改善自身福祉的学问。人类的知识有限，面对的是不确定的未来，他们要弄清楚自己想要什么，以及怎样才能最好地得到这些东西。门格尔的经济学观点在很大程度上以人为中心："人，有着自己的需求，并掌握了满足这些需求的手段，他本身就是人类经济生活的起点和终点。"这种对经济学的理解仍然是现代奥地利学派的核心。

门格尔另一个伟大贡献是扩展和延伸了亚当·斯密"看不见的手"（invisible hand）这一概念。在《国民经济学原理》和后来的《社会科学方法论探究》（*Investigations into the Methods of the Social Sciences*，1883）这两本著作中，门格尔对社会现象提出的解释都是始于个人的选择，但又表明这些选择呈现的结果往往不是任何个人曾计划或预期的。在《国民经济学原理》一书中，他运用这种策略解释了货币的出现；在《社会科学方法论探究》一书中，他总结了这种策略，并提出了有时被称为"门格尔之问"（Mengerian question）的问题：

如果没有一个共同意志致力于建立它们的话，那些服务于公共福利并对公共福利的发展有着极其重要意义的制度怎么能够形成呢？

后来，这种解释性策略被称为"自发秩序理论"（spontaneous order theory），也是现代奥地利经济学的核心。理解社会现象为什么是人的选择通过各种社会制度过滤后的非意图性结果，这是奥地利学派用来进行经济学和社会科学研究的分析技术。自发秩序的解释是基于我们之前提到的主观主义和有限知识的概念。正因为我们的知识是不完全的、局部的，所以要依赖社会制度协调我们的行为，而不是依赖专家的设计和控制。这一主张不仅影响了经济学作为一门学科的性质，也对政治经济学的各种问题有着广泛影响。

接下来，我将探讨奥地利学派经济学的各种思想，重点是它的分析与标准经济学教科书的表述有什么不同。我的方法是采用广义的历史方法，将大致按照各个具体的思想成为奥地利学派关注焦点的历史顺序来讨论。我不会详述特定的思想家及其著作，而是按照主题进行，记录与所涉主题相关的重要贡献者。与今天的主流经济学相比，奥地利学派所强调的主观主义、不确定性和知识的重要性，以及该学派将市场视为自发有序的发现过程的观念为从最基本到最复杂的经济现象提供了一种与众不同且更为现实的解释。由于经济学变得越来越抽象，越来越依赖对"人们知道什么"和"如何选择"所作出的不切实际的假设[1]，因此，设法解决这些问题的方法将会找到一批乐于接受的读者，就像奥地利学派的复兴所证明了的那样。

---

[1] 即假设人们是全知且理性决策的。——译者注

第二章

门格尔和奥地利学派微观经济学

除劳动价值论的问题之外，18 世纪的经济学家还无法解释所谓的"水和钻石的悖论"（the water-diamond paradox）：水是人类生存不可或缺的必需品，却非常便宜；钻石只是一种无足轻重的奢侈品，却非常昂贵。如果我们承认商品的效用在某种程度上决定了其价值，那么，既然水对人类的生存如此重要，钻石怎么可能比水更有价值呢？边际革命解决的正是这个难题。对于价值而言，重要的不是某种商品的**总效用**[1]（total utility，即与完全不存在这种商品相比，其价值是多少），而是它的**边际效用**（marginal utility），或者说，这种商品在某个时候被消耗的数量占全部供应量的特定比例的价值。一桶水的价值很低，因为大多数人并不急于**多**要一桶水。相比之下，一克拉钻石的价值却很高，因为对这一**边际单位**（marginal unit）的需求量很大。边际单位决定商品价值，这种思想不仅

---

[1] 原书中着重强调的文字，在中文版中体现为粗体字。——编者注

解决了水和钻石的悖论，而且为经济学理解价值和价格提供了一条新的前进道路。

杰文斯和瓦尔拉斯很快就把总效用和边际效用的区别转化成数学术语。而门格尔则与他们不同，他把"边际价值"的思想与自身对主观主义的强调结合起来，提供了一种理解经济过程的不同方法。门格尔先从指出个人想要满足特定的目的 [或者如他所说的"需要"（needs）] 开始，为此，我们要采取能够满足这些目的的手段。基于这样的见解，门格尔将"财货"（goods）定义为有能力满足人类某些需求的东西。这种能力就是商品的**效用**（utility）。更具体地说，他将"经济财货"（economic goods）定义为那些能够满足某种目的的事物，但其现有数量不足以满足人们用它来实现所有目的；相反，"非经济财货"（ Non-economic goods）非常丰富，足以满足所有可能的需要。例如，空气不仅满足了我们的呼吸需要，而且有足够的空气来满足所有人的呼吸需要，但自然界或人类的其他产品，其数量不足以满足我们的需求。

门格尔价值理论的核心是**主观主义**（subjectivism）。赋予商品价值的并非商品本身固有的或内在的什么东西，而是人们对这件商品可以满足某种需求的认知。我相信自己需要一把锤子来建造一座房子，这就足以赋予锤子以价值（锤子的数量是否够满足我对它的各种需求将决定锤子是经济财货还是非经济财货）。价值的最终来源是人的心智。因为我们对满足需求的东西的认知基于所需商品的具体数量，所以门格尔的主观主义能够纳入边际的概念。每当我们评估某种满足需求的手段的效用时，都是从希望获得的那种商品的特定具体数量来进行考虑的。

现代奥地利经济学强调门格尔框架的一种特殊含义。大多时候，"效用"的概念被解释为我们从满足需求中获得的一种感觉——我们做一个三明治当作午餐吃掉，我们便从这个三明治中获得了效用，因为满足这种需求让我们感觉良好。对此，很显然的一点反驳是某些东西（如看牙医）可能会满足需求，但不会"感觉良好"。除此之外，这种标准的解释还有一个更深层次的问题。奥地利学派的效用观不是关于人们获得的感觉。用心理学的语言来说，不是"享乐性的"（hedonic）；相反，它是商品满足需求的能力。那个三明治的"效用"不是它给你的感觉，而是你相信它能满足你减少饥饿感的愿望。从这个角度来看，一种商品的边际效用就是"该商品某个特定的具体数量"满足"下一个未被满足的最重要需求"的能力。

我们可以用下面的场景来说明奥地利学派的一些洞见。假设我有四种想要满足的需求，每种需求都需要一桶水。门格尔认为，人们会先满足自己最迫切的需求，然后按优先顺序满足不那么迫切的需求。他所说的"经济化"（economizing）是指我们试图运用所掌握的手段，尽可能地将这些资源分配给最迫切的需求。因此，我会把这四种需求按"重要"到"不重要"

排序，用我能得到的第一桶水满足最迫切的那种需求，用第二桶水满足第二迫切的需求，以此类推。如果我只能得到三桶水，那么某些最不迫切的需求将得不到满足。接下来，我们看看这个例子是如何说明一些关键概念的。

首先，就一般层面而言，水是有效用的，因为我相信它会帮助我满足那些需求。我选择满足哪些需求，需要先对它们按重要性进行排序，再决定用一定量的水来满足它们，这些排序和选择体现了奥地利学派经济学主观主义的全貌。每种需求都要求特定数量的水来满足，这让我们看到了边际的重要性。我判断水有多大价值，取决于我如何评估目前正考虑获得的下一桶水的重要性。而这一桶水的重要性又取决于我认为它将满足的需求有多大的重要性。这种重要性不是快乐或任何其他享乐的感觉，而是与满足这种需求联系在一起的重要性。因此，任何商品对某个人的价值取决于他对"这种商品的边际单位将满足的需求的重要性"的主观评价。如果我面前的一桶水可以让我洗车，那么这一桶水的价值就与我对"把车洗干净"的重视程度有关。

这个例子也让我们看到，奥地利学派如何理解两个核心经济概念——"机会成本"（opportunity cost）和"边际效用递减"（diminishing marginal utility）。其中机会成本通常被定义为作出选择时放弃的次优替代。我们面对稀缺的世界，选择一种东西就意味着放弃我们本可以选择的次优的东西。水的例子很好地说明了这点。如果我们有三桶水，用掉这三桶水的机会成本是多少？是我们用掉三桶水没有得到满足的需求。

假设排在价值序列第三位的用途是给花园浇水，排在第四位的是擦窗户。传统经济学会说，给花园浇水的机会成本是擦窗户。这没错，但奥地利学派的观点另外增加了两个要素：第一，机会成本是主观的。只有选择者本人才明确地知道相比擦窗户，他对浇花园的重视程度。这样的话，就无法客观地衡量他的机会成本。第二，更根本的是，我们永远不会真正体验机会成本，因为那是我们没有选中的选项。机会成本终究只是对牺牲了的选项重要性的预期。选择浇花园这一事实本身就意味着他从未真的去擦窗户，因此，他也就从未真正体验过满足擦窗户的需求实际上有多么重要。当我们作出选择时，我们是在不同选项的主观预期效用中进行选择。在那些我们放弃的选项中，我们评估出的最重要的选项，其实并没有真正经历。如果我选择点龙虾通心粉和奶酪，而不是鱼肉玉米饼，我的机会成本就是我认为鱼肉玉米饼会带来的主观预期效用。事后，我永远不可能确切地知道我的机会成本是多少，因为我从来没有体验过我放弃了的选择。[1]

从这个角度来看，边际效用递减的概念也有所不同。通常

---

[1] 关于这些问题更现代的奥地利学派讨论，参见詹姆斯·M. 布坎南（James M. Buchanan）:《成本与选择》（*Cost and Choice*, Chicago: University of Chicago Press, 1969）。

这一概念体现为你消费的商品越多，从中获得的"良好感觉"就越少。所以，虽然第一块蛋糕让你觉得美味可口，但最终持续不断的一块块蛋糕带来的感觉会越来越差。这种解释将效用视为享乐性的，而不是满足某种需求的能力。在我们所举的水的例子中，水的边际效用是每一桶水满足特定需求的能力的重要性。第一桶水让我们能够洗车，这是我们最重要的需求。下一桶水可能是用来喝的，这是我们接下来最重要的需求，其次是浇花园和擦窗户。每一桶水的边际效用都小于前一桶水，因为它所满足的需求对于我们的重要性降低了。虽然可以说，如果我们连续获得某种商品，边际效用总是随着其新增的单位数量而递减，但我们不能对效用赋予确定的数值，因为它仍然是主观的和预期的。

门格尔将他对商品、效用和价值的讨论扩展到了生产过程中。根据劳动价值论，生产过程投入的价值决定了该生产过程的产出有多大价值。制造某件商品所投入的劳动越多（无论是直接投入还是以先前已生产好的商品的形式投入），该商品的价值就越高。门格尔颠覆了这一观点，从而完成了经济学上的"哥白尼革命"。他首先区分了其所指的"低阶"财货和"高阶"财货。前者是消费品，或与消费品接近的东西，例如，货架上的早餐麦片是"第一阶"财货。高阶财货是用于制造低阶财货的投入，例如，用于制造麦片的谷物和糖。门格尔指出，一种具体财货是高阶还是低阶不取决于该财货的任何内在属性，而取决于其如何进入生产者和消费者的计划中。例如，面粉是生产我在商店购买的饼干的高级财货。但是当面粉放在超市货架上供我购买，以便我在家烤饼干时，它又是一种低阶财货。这样的概念框架让门格尔以及此后的奥地利学派得以讨论生产消费者所购买的商品的"资本结构"（structure of capital）。[1]

接着，门格尔提出，价值不是从投入流向产出，而是从产出流向投入。正是因为消费者认为最终的产品具有价值，所以生产它们的投入才具有价值。因为消费者喜欢巨无霸汉堡，所以双层全牛肉饼、特制酱料、奶酪等，以及制作它们的员工的劳动才具有了价值。如果人们不再吃牛肉，那么所有制作巨无霸汉堡的生产要素都会失去一些价值。不是劳动赋予商品以价值，而是人们相信某些商品会满足他们的需求，才为生产这些商品的劳动和原材料带来了价值。价值的最终来源仍然是我们每个消费者的主观偏好和知识。此外需要注意的是，从产出到投入的这种价值转移不是自动进行的。必须有人来弄清楚：（1）人们认为某些商品而不是另一些商品有价值；（2）要生产人们重视的这些产品，哪些投入是最佳组合。这就是企业家的功能，我们将在第九章详细讨论。

这一框架还有助于我们理解奥地利学派经济学给传统的供

---

[1] 这种说法来自路德维希·拉赫曼（Ludwig Lachmann）关于奥地利学派资本理论的简要论述：《资本及其结构》（*Capital and its Structure*, Kansas City, MO: Sheed Andrews and McMeel, 1978）。

给和需求所赋予的独特复杂性。在上面的讨论中，我们忽略了货币与交换，而是假设人们要么已经拥有，要么将以某种方式获得像一桶水这样的商品。然而在现实中，消费者面临的选择是把钱花在这件事上还是另一件事上。在决定是否以2美元的价格购买一桶水时，消费者实际上是在两种主观预期效用之间作出选择：一种是用这一桶水满足它所能满足的下一个最重要的需求；另一种是用2美元购买其他商品所能满足的最迫切的未满足需求。使用货币购买任何商品的能力意味着我们是在暗中对一定量货币所能满足的所有替代需求的主观预期效用进行排序。稍后我们将看到，价格的存在能帮助我们驾驭一系列原本极其复杂的选择。

我们可以利用这种货币增强框架（money-enhanced framework）提供一个奥地利学派的解释，回答"为什么当某种商品的价格下降时，人们对它的需求量会增加"这个问题。以水为例[1]，你愿意购买多少水来满足四种需求中的部分或全部，将取决于你对一桶水的价格和满足每种需求的重要性的比较。例如，你可能愿意支付3美元买一桶水来洗车，但不愿意用这3美元买一桶水来解渴。如果一桶水的价格是2.5美元，你不仅仍然愿意花2.5美元买一桶水洗车，而且或许愿意花

---

[1] 对这一供求理论最详尽的论述可以参见穆雷·罗斯巴德（Murray Rothbard）：《人、经济与国家》（*Man, Economy, and State*, Los Angeles: Nash Publishing, 1962），第1–66页。

2.5 美元买一桶水来解渴。随着价格进一步下跌，你排在第三和第四的需求可能变得更值得满足。价格越低，人们越愿意满足排序较靠后的需求，因为我们需要放弃的东西变少了。如果一桶水的价格上升为 4 美元，你可能认为不值得以这个价格买一桶水来洗车，或满足任何排名更低的其他需求。需求曲线是边际效用递减的一种反映：我们新增需求的重要性不断下降，意味着我们愿意为此牺牲的东西必须随着不太重要的需求逐次满足而逐渐减少。在较高的价格上，我们将寻求满足更重要的需求。当价格下跌时，我们更愿意满足排名较低的需求，因为我们放弃的东西变少了。因此，我们得到了向下倾斜的需求曲线：当价格下降时，人们希望购买数量更多的某种商品，而当价格上升时，希望购买的商品数量则变少了。

同样的讨论反过来也适用于供给曲线。假设我有四桶水。说服我放弃一桶水并不需要花费太多钱，因为那一桶水是用在最不重要的需求（擦窗户）上的。由于我不太看重这种需求，所以不需要花太多钱就能让我放弃。但如果你想让我也放弃浇花园，好卖给你两桶水，那么每桶水的价格就必须更高，因为我无法满足的下一种（边际）需求的重要性更大。因此，随着商品价格的上涨，人们将增加他们供应的商品量，因为在价格逐步上涨时，他们更有可能愿意放弃满足更重要的需求，而割舍掉这些商品。价格更高意味着供给更多，价格更低意味着供给更少。

　　需要注意的是，这里的供给只是需求的伪装。我之所以愿意放弃额外的水，是因为我得到了更多的货币作为回报，这些货币所能满足的需求比我放弃的与水有关的需求更重要。我的水能卖多少钱，反过来又取决于其他人对水的需求。其他人是在表示，对他们而言，他们未获满足的对水的需求足够重要，以至于愿意出价从我手上买水。这些目的对他们越重要，为实现这些目的，他们愿意支付的价格就越高。人们试图找到一种方法，满足他们认为重要的需求，这是所有经济学的起点。

第三章

市场过程与自发秩序

　　门格尔研究工作的另一个基本部分是把市场视为一个过程的观念，以及与之相关的、现在被称为"自发秩序"的概念。如前所述，另外两位边际革命家杰文斯和瓦尔拉斯以数学术语阐述了各自版本的边际理论。他们的研究本身就适合将经济学的任务视为如何解决优化配置资源的静态数学问题。边际主义成为建立最优化问题的一种方法，而经济学则专注于描述那些最优均衡状态，以及系统变化将如何改变所产生的均衡。这种经济学方法通常被称为"比较静态分析"（comparative statics），如同研究经济体的两幅静止图像之间的差异；相反，门格尔提供的方法更像一幅动态的画面，与之相应，经济学的任务是解释经济变化发生的**过程**。

　　门格尔所强调的重点不同，从他的《国民经济学原理》一书的组织架构中就可见一斑。他从"财货"的定义和对主观价值的解释开始，然后讨论交换的性质，最后给出了他对"价格是如何产生的"的分析。这种论述结构暗示价格是这些主观评价和交换所有隐含过程在明面上的结果。与之相对，杰文斯和瓦尔拉斯的方法，以及它们现代的派生物——"局部均衡"（partial equilibrium）和"一般均衡"（general equilibrium）理论都是从价格**开始**，然后讨论基于这些价格，经济主体希望的需求或供给是什么。这些方法的目标是找到一组价格和数量（在给定其他人选择的情况下），让每个人都能够最大化自身的效用和利润。门格尔更感兴趣的则是解释个人有目的的行为如何通过一种持续的实时过程相互作用，从而产生我们在任何给定时刻所看到的特定价格和数量。这不一定是均衡价格和均衡数量，门格尔也不认为，唯一要寻找的让人感兴趣的结果是那些涉及效用和利润普遍最大化的结果。事实上，他甚至没有使用"最大化"的数学语言，因为他认识到人类是基于**有限**知识采取行动的**不完美**决策者。[1]

过程和均衡之间的这种区别是现代奥地利学派的核心。今天，大多数经济学家花时间描述的是各种均衡状态的性质，并且比较这些结果的效率。经济体被模型化为一个处于均衡状态的系统。真实世界的经济体要达到均衡，所要求的假设非常严格。比如，主流经济学的均衡模型必须假设每个人都拥有完美

---

[1] 对"边际革命"核心思想家之间差异所做的最佳分析之一是威廉·杰菲（William Jaffe）的著作：《门格尔、杰文斯与瓦尔拉斯的非均质性》（"Menger, Jevons and Walras De-Homogenized"），见于《经济探索》（*Economic Inquiry*, 14, 1976），第 511–524 页。

的相关信息，没有人能影响市场上某种特定商品的价格，以及某种特定类别的商品（如早餐麦片）全部相同。当然，现实世界是有着不完全信息和不确定性的世界，某些卖家和买家比其他人有更大影响力，并且产品在任何维度上都是有差异化的。而奥地利学派认为市场是一个过程，通过这个过程，部分拥有信息的人相互学习，并发现其他人想要什么，以及怎样才能最好地生产所需产品。

这个学习过程的关键是企业家。我们将在后面的章节更深入地探讨企业家的作用，目前只需要知道企业家是通过察觉到被当前市场参与者忽视的机会来推动市场学习过程的人。如果在大街的一边，苹果的售价是每磅 2 美元，而在另一边的售价是每磅 3 美元，那么，这表明一些买家忽视了有更便宜的苹果，一些卖家忽视了有更好的销售机会。这种非均衡反映了买卖双方的知识都是有限的。某个企业家发现了这种情况，就可以每磅 2.25 美元的价格在大街的一边买苹果，然后以每磅 2.25～3 美元的价格在另一边出售。这种企业家的行为表示两边的人犯了错误，并通过减少或消除价格差异来纠正错误。企业家这样做可以让各方都受益，原本以每磅 2 美元出售的人得到了更高的价格，原本以每磅 3 美元购买的人得到更低的价格，而企业家获得了利润。孤立地来看，企业家精神还通过缩小可能的价格范围，使市场更接近假想的均衡。在极限情况下，市场上的苹果只有一个价格，而以这个价格提供的苹果数量恰好等于人们想要购买的数量。

奥地利学派对市场过程的关注让我们认识到，这个极限点永远不会来到，因为决定均衡点的因素绝不会保持不变。人们的偏好在变，生产商品的成本在变，或者可用的替代品也会变，这些都会改变最佳均衡点。奥地利学派感兴趣的是这些变化如何发生，以及市场主体，特别是企业家，如何从中学习和应对这些变化。这种观点的一种含义是很难以某个时间点来观察市场，并评价它的表现如何。任何瞬间的市场"快照"都体现不出市场总是处于变化的状态，因为人类的知识在不断变化。市场的有效性不在于任何时间点上它与理想状态相比如何，而在于人们是否容易从错误中吸取教训并有动机去纠正。由于现实世界的市场从未达到过最终均衡，我们评估市场的表现时，总是要根据非均衡价格是否能为人们提供所需的知识和激励，以更好地协调彼此的计划。我们将在后面讨论价格的作用时更详细地研究该论点。而理解这点需要强调由门格尔最初提出的市场过程。

门格尔的研究也为奥地利学派提供了第二重独特的身份特征。在第一章我就指出，无论是在《国民经济学原理》中，还是在《社会科学方法论探究》中，门格尔都试图解释社会结果如何在没有人类有意设计的情况下出现。在《国民经济学原理》中，这类过程的主要例子是门格尔对货币起源的著名解释。[1]他认为，没有任何人发明货币；相反，它的出现在计划之外，源于人们试图通过交换来提高自身的需求满意度。

想象在一个以货易货的经济中，唯一能发生交易的情况是某人**既有你想要的东西，也想要你有的东西**。由于需要找到这种"需求的双重巧合"（double coincidence of wants），使得只有很少的交易能够实现。

然而，有些商品在交换中会更受欢迎。门格尔指出，哪些商品更受欢迎是由消费者各种主观评价决定的。某些交易者会注意到这些商品，并试图储存它们——不是因为他们看重这些商品用于直接消费的价值，而是因为他们相信用这些商品可以很容易地交换到他们希望消费的其他商品。这就是"间接交换"（indirect exchange）的过程。所有这些中间产品都可以被称为"交换媒介"（mediums of exchange），但它们不是货币。门格尔认为，其他交易者会观察到那些利用中间商品的人的交易变得容易了，并开始模仿这些人。当然，这样会使中间商品的需求变得更大，因此作为交换媒介就更具有价值。最终，非常少数的商品（通常只有一两种）脱颖而出，成为最容易交换的商品。这些商品是真正的货币，因为它们是**被普遍接受的交换媒介**。要让某种东西成为货币，那么它不能仅仅只是用作交换媒介。人们必须相信（事实也是如此）它将成为惯例，

---

[1] 参见卡尔·门格尔：《论货币的起源》（"On the Origin of Money"），见于《经济杂志》（*Economic Journal*，2，1892），第239-255页。

能被不假思索地接受。一旦有了货币，交换就变得容易多了，人们就能更容易地增加财富和满足需求。

门格尔关于货币起源的理论是后来哈耶克等人称为"自发秩序"的典型例子。没有一个交易的参与者打算创建一种新的社会制度，每个人都只是想通过交换来更好地满足自己的需求，从而改善自己的处境。尽管如此，他们的行为导致货币的出现，无意中带来了一个非常有益的结果。18 世纪，苏格兰道德哲学家亚当·弗格森（Adam Ferguson）对自发秩序（如货币）给出了一个简短的定义，称它们为"人类行为的结果，而非人为设计的结果"。[1] 自发秩序是奥地利学派的一个核心分析概念。亚当·斯密与弗格森是同时代人，而评价门格尔对社会分析的贡献的一个方面就是他发展并拓展了斯密"看不见的手"的概念。斯密通常被誉为第一位现代经济学家，因为他认识到市场经济怎样在没有设计的情况下体现出秩序。他明白，恰当的社会制度可以驾驭广泛的自利行为，使之无意间服务于他人的需求。我们"在一只看不见的手指引下，去促进一个并非（我们）意图的目标"，这是因为制度为我们提供了所需的

---

[1] 哈耶克：《人类行为的结果，却非人为设计的结果》（"The Results of Human Action but Not of Human Design"），见于哈耶克：《政治、哲学和经济学研　究》（ *Studies in Politics, Philosophy. and Economics*, Chicago: University of Chicago Press, 1967 ），第 96–105 页。

信息和激励，让我们知道如何最好地为他人创造价值。[1]在《国富论》中，斯密是第一个以明确的方式阐述这一观点并将其应用于经济活动的人。

门格尔的货币理论，以及其在《社会科学方法论探究》中对自发秩序更广泛的阐述，更为仔细地辨别了社会制度在没有人为设计情况下的出现过程，并将这样的过程置于社会科学的中心，从而推进了斯密的研究。门格尔将自发秩序与边际主义和主观主义相结合，为斯密的洞见提供了更为坚实的微观经济学基础。门格尔认为，价格本身就是非人为设计的秩序的例子，产生于交易者的主观和边际评价，这种论证为奥地利学派将价格视为知识替代品的观念打开了大门，在20世纪哈耶克的著作中，这一观点变得更加突出。从解释特定价格如何产生到更普遍的经济结果模式，再到大规模社会制度的出现和功能，奥地利学派从个人的感知和行动出发，揭示人们的互动如何产生了谁都没有预期或设计的结果。理解我们周围的世界有许多东西并非人类有意识创造的，这对经济学的某些方面有很多启示，我们将在后面进行探讨。

自发秩序理论还让奥地利学派认识到社会制度对于确保自利行为产生社会效益的重要性。"看不见的手"要能发挥作用，"秩序"要能置于自发秩序之中，需要拥有一套适当的社会经

---

[1] 亚当·斯密：《国富论》(*The Wealth of Nations*, Chicago: University of Chicago Press, 1976)，第477页。

济制度，提供必要的反馈和激励，以恰当引导自利行为来惠及他人。例如，产权得到了明确界定和良好执行，生产和交换就更有可能发生，市场价格就能更好地反映价值。对利润的追求将指引企业家提供他人想要的商品和服务。如果产权不是那么明确，或者公共政策扭曲了企业家面对的成本，自利性的利润追求就不会给公众带来同样的利益。如果游戏规则能够提供所需的反馈和激励，"看不见的手"就会产生良好的结果。在奥地利学派看来，经济过程的效能与其说是个人行为的结果，不如说是个人行为所遵循的正确制度的结果。经济进步本身既不来自追求自身利益，也不来自理性选择，而是来自在正确的框架结构下实施这些行为。将斯密"看不见的手"理论建立在更清晰的经济学基础之上，不仅拓宽了我们对自发秩序的理解，也为奥地利学派理解经济和社会过程提供了重要的分析工具。[1]

---

[1] 关于苏格兰人与奥地利学派之间的关系，参见拙作《从斯密到门格尔再到哈耶克：自发秩序传统中的自由主义》（"From Smith to Menger to Hayek: Liberalism in the Spontaneous Order Tradition"），见于《独立评论》（*The Independent Review*, 6, 2001），第81–97页。

第四章

奥派经济学的方法

第四章　奥派经济学的方法

　　门格尔关于货币起源的理论，以及他对自发秩序更广泛的研究，为经济学学科该如何推进提供了一种示范。奥地利学派经济学家路德维希·冯·米塞斯（Ludwig von Mises）在《人的行为》（*Human Action*）中写道，门格尔在发展他的货币理论时，"也认识到了他的理论对阐明行为学（praxeology）的基本原理及其研究方法的重要性"。[1] 米塞斯将这一理论作为个人主义方法论的例子，阐述了历史偶发事件如何在不违背经济学核心法则的情况下影响经济过程展开的确切方式。20 世纪中叶，米塞斯在《人的行为》中所称的"行为学"不过是以另一个名字来称呼他所赞同的经济学一直以来的研究方式：研究人的行为及其后果，不管是有意的还是无意的后果。米塞斯认为存在一个经济理论核心，这个理论核心不能被任何应用研究、实证研究或历史研究所驳倒，并且对于任何应用研究、实证研

---

[1] 路德维希·冯·米塞斯：《人的行为》（*Human Action: A Treatise on Economics*, Chicago: Henry Regnery, 1966），第 405 页。

究或历史研究而言都必不可少。经济学必须包含演绎成分来产生理论，我们再通过这种理论观察世界，这一主张可以追溯到门格尔和奥地利学派经济学的起源。

门格尔的《国民经济学原理》一书是献给德国历史学派的领军人物威廉·罗雪儿（Wilhelm Roscher）的。该思想学派认为，经济学的正确方法是进行历史研究，并在相关背景下理解特定的经济现象。他们对古典经济学家信奉的那种普遍性理论持怀疑态度。门格尔了解历史学派的传统，而他认为自己的著作是对这一传统的补充，因为他相信其理论框架将增进对历史的理解。他对货币起源的解释就可以视为这种设想的一个例子。他并非拒绝把研究历史作为经济学家的一项重要任务——他只是认为以他正在推进的那种明确理论可以把历史研究做得更好。

因为德国历史学派对《国民经济学原理》的批评，门格尔在 1883 年出版的《社会科学方法论探究》一书中进一步扩展了这些主题。他区分了"精确定律"（exact laws）和"现实—经验主义概括"（realist-empirical generalizations）。前者是用"如果—那么"（if-then）表述，今天我们通常将之与经济理论联系在一起。例如："如果其他条件不变，那么商品价格的上涨将降低其需求量。"后者是对经验规律的陈述，例如，商业周期的繁荣时期通常涉及向生产者（而非消费者）增加贷款。这些陈述不是必然的真理，只是经常观察到的经验趋势。

门格尔的这种界定与米塞斯后来区分理论与历史的方式非常相似。门格尔尤其强调，"精确定律"不是由历史检验的，尽管他像米塞斯一样，区分了某一特定理论的**有效性**以及它是否**适用于任何具体的历史环境的问题**。[1]

门格尔对纯理论的存在及其重要性的辩护，以及他认为没有纯理论就不能从事有效历史研究的论点，如同向德国历史学派下了战书。对此，该学派年轻一代的领袖古斯塔夫·施莫勒（Gustav Schmoller）作出了尖锐的回应，他指责门格尔只是扩展了古典经济学家枯燥的理论框架，对理解现实世界毫无兴趣。施莫勒和门格尔之间这一场最初的"交锋"开启了现在被称为两大学派之间的"方法论之争"（battle of methods）。后来又发生了几次进一步交锋，门格尔试图为理论的作用辩护，而施莫勒和他的同事则坚持论证基于历史的经济学。现代经济学家大都认为这场辩论是在浪费时间，因为他们普遍同意理论扮演着重要角色，但理论必须在现实世界中得到检验。在他们看来，奥地利学派和历史学派只是自说自话，而没有意识到真

---

[1] 更详尽的讨论参见门格尔：《社会科学方法论探究》（*Investigations into the Method of the Social Sciences with Special Reference to Economics*, New York: New York University Press, 1985）中劳伦斯·怀特（Lawrence White）所写的"导论"部分（Introduction to the New York University Press Edition）。

理是在别处。[1]

然而，奥地利学派继续坚持其理解，不仅认为理论与历史截然不同，而且认为经济理论的核心是先验的，因此无法通过经验来检验。[2] 在 20 世纪，路德维希·冯·米塞斯区分了经济理论核心的先验真理，以及我们在特定事件中应用这些经济规律与特定制度及政策相关的可能事实进一步阐述了这一观点。今天的现代奥地利学派把经济理论看作一副眼镜，对于理解经济和社会的因果关系而言必不可少。这导致许多奥地利学派经济学家认为计量经济学研究的价值有限，尤其是当这些研究表示其实证发现可以像理论一样普遍化的时候。现代奥地利学派试着扩大经济学家可能依赖的经验证据的范围，所包括的不仅有定量的数据，还有定性的证据，比如访谈、调查和原始历史文献等。

米塞斯在《人的行为》中用了整整一章来讨论"交换学（catallactics）的范围和方法"。"交换学"是米塞斯用来研究市场交换的术语，也就是我们今天所认为的经济学。他将交换

---

[1] 对于这场方法论之争的概述，参见塞缪尔·博斯塔夫（Samuel Bostaph）:《卡尔·门格尔与德国历史学派的方法论之争》（"The Methodological Debate Between Carl Menger and the German Historical School"），见于《大西洋经济杂志》（*Atlantic Economic Journal*, 6, September 1978），第 3–16 页。

[2] 接下来的讨论参见拙作《奥地利经济学的经验论》（*The Empirics of Austrian Economics*, Cato Unbound, September 5, 2012），链接：https://www.cato-unbound.org/2012/09/05/steven–horwitz/empirics–austrian–economics。

学视为研究人的行为总体性科学（他称之为"行为学"）的一个子范畴。人类从事的许多有目的的行为与市场上的交换无关（如管理家庭、抚养孩子，或者进行战争、玩游戏等）。虽然这些行为被排除在交换学（或更狭义上的经济学）之外，但仍然是更广泛的行为学范畴的一部分。

在这一章中，米塞斯写道："经济学的具体方法是想象的建构（imaginary constructions）。"接着他解释说，每一个想象的建构都是"一个事件序列的理念形象，而这种序列是其形成过程中所涉行动的元素符合逻辑地演变而来的"。我们可以从奥地利学派经济学家运用供求曲线和均衡概念的方式中了解这种方法的运用。供求曲线和均衡等想象的建构是逻辑演绎的产物，始于有目的行为的基本概念，即人类通过寻找有效手段来满足未满足的需求，以消除"不适之感"（felt uneasiness）。米塞斯认为，"我们有目的地行动"这点不可辩驳。他进一步认为，有目的地行动在逻辑上可以推断出关于人的行为的一些重要观点，而且这些观点都是"绝对确定"（apodictically certain）的。[1]

对于由逻辑推导而来绝对确定的断言，其适用范围有多广，在奥地利学派中有很多争论。一些奥地利学派的学者认为，一个人可以坐在靠椅上推断出全部经济学知识。但米塞斯非常清楚地表明，经济学的这种纯理论核心相当有限。他指

---

[1] 米塞斯:《人的行为》，第236页。

出，甚至劳动令人不快这种理念也不是纯理论核心的一部分，而是我们根据观察作出的辅助假设。货币等事物的存在也是如此。当经济学者分析世界时，仅由对行为的反思而得来的核心工具包是一组相当小的基本命题。经济学中大部分有趣的研究与制度有关。从门格尔所谓的"精确定律"或纯理论转变到应用理论，要求把经验世界中的人类信念和社会制度包括进来。从应用理论转变到经济史，包括当代经济分析，经济学家都需要挖掘人们所思所为的实际经验记录以及相关的经济数据。

这一点也与米塞斯所说的"经济学是一门先验科学"有关。他并非主张奥地利学派拒绝任何形式的实证分析，或相信（比如说）一个人只要坐在靠椅上想一想，就能得出政策结论；相反，米塞斯提出了关于人的思维的哲学论断，并认为人与人之间的思维构造相似。我们都有一套心智工具来把握现实，这是我们的进化遗产。任何拥有同等工具的生命都能够对人的行为本质进行反思，并发展出这种经济学的核心理论，即关于人如何行为的一系列必然见解。在任何意义上，这一核心经济学知识都不与具体情况相关；相反，它只是某些类型的思维结构的一部分，其中包括我们在地球上进化而来的人类思维结构。

米塞斯确实认为，经济学的这些核心主张（例如，人的行为是有目的的，我们喜欢多，而不是少，喜欢现在，而不是以后，边际效用递减的概念，也许还有供求曲线背后的基本概念）不考虑经验证据，因为它们正是我们组织思维的原则本身，这样我们才能理解这个世界。然而，除此之外，特别是如果我们要研究任何政策主张，那么，我们提出的经济论点则取决于人的行为和偏好的具体主张、我们假设的适用性，以及我们论证链的准确性。就奥地利学派看来，好的经济学意味着合理的论证，而不仅仅是有效的论证。现代经济学有太多内容是以人的行为的错误前提进行的有效推理。因此，这些前提的准确性对奥地利学派来说至关重要，而当我们考察具体的历史事件时，它们的准确性可以是一个经验事实。

尽管许多主流经济学家自命不凡，但他们的实证研究，包括新近的实验经济学研究，并没有像自然科学实验那样的科学力量。斯蒂芬·齐利亚克（Stephen Ziliak）和迪尔德丽·麦克洛斯基（Deirdre McCloskey）对统计意义的重要性的警告切中要害，但经常被经济学家所忽视。如他们所说，我们需要的是**经济意义**，而不仅仅是统计意义。[1]奥地利学派同意这点。奥地利学派的目标是运用具有经济意义的经验证据进行经济分析。要达到让人的行为容易被理解的目标，就意味着要讲好故事，讲述发生了什么以及为什么会发生。经济理论为组织故事情节提供了框架，而丰富的人类经验——无论是原始资料、访

---

[1] 斯蒂芬·齐利亚克、迪尔德丽·麦克洛斯基斯：《统计意义崇拜：标准误差如何让我们失去工作、公正和生命》（*The Cult of Statistical Significance: How the Standard Error Costs Us Jobs, Justice and Lives*, Ann Arbor: University of Michigan Press, 2008）。

谈和调查数据、经济统计数据，还是计量经济学的相关性——为构建一个完整且符合经验的故事提供了细节。完全建立在与人类的知识和选择有关的现实和经验的假设基础上，这使经济理论不仅是有效的，也是合理的经济推理。

将经济理论应用于历史事件，无论是最近的还是更久远的过去，可以展现经济理论的力量，现代奥地利学派经济学家认识到了这样做的重要性。尽管经济史的研究不能"检验"奥地利学派的理论，但确实表明了理论如何帮助我们更好地理解历史，并迫使奥地利学派澄清他们的理论中哪些是不可检验的核心、哪些与制度或历史相关。例如，运用奥地利学派商业周期理论可以理解 21 世纪初的房地产泡沫和金融危机，但人们必须认识到，严格来说，该理论本身并不能解释为什么过剩的信贷供给会专门转向房地产。要理解这一特定的周期性繁荣为什么表现为房价上涨，需要更多的经验事实，比如，与过去几十年的政策相关的事实。理论帮助我们理解历史，而历史迫使我们更精确地理解理论真正的组成部分。

在方法论之争发生一个多世纪之后，奥地利学派精练了他们对理论和历史之间的关系的理解，但其主要主张——经济理论的核心是先验的、不可检验的，不可能脱离这种先验的理论来研究历史，历史不能告诉我们确定的规律——仍然是奥地利学派研究的核心。

第五章

资本与计算

第五章　资本与计算

现代奥地利学派经济学将市场构想为由货币计算驱动的竞争性发现过程。在市场经济中，生产者必须解决两个问题：人们希望购买的是什么，以及如何最好地生产这些东西，以使产出比投入更有价值（如果可能的话）。解决这两个问题涉及**货币计算**（monetary calculation）的过程，这是对过去和预期的利润和亏损的总结。[1] 对于奥地利学派来说，要解决资本品

---

[1] 关于货币计算作用的更多讨论，参见米塞斯：《人的行为》，第 200-231 页；米塞斯：《规划自由：让市场体系发挥作用》（*Planning for Freedom: Let the Market System Work*, Indianapolis: Liberty Fund Press, 2008）中的"利润与损失"（Profit and Loss）章节，第 143-172 页；彼得·贝奇（Peter Boettke）：《计算与协调》（*Calculation and Coordination*, New York: Routledge, 2001）中的"经济计算：奥地利对政治经济学的贡献"（Economic Calculation: The Austrian Contribution to Political Economy）章节，第 29-46 页；史蒂文·霍维茨：《货币计算与意外的扩展秩序：哈耶克伟大社会的米塞斯微观基础》（"Monetary Calculation and the Unintended Extended Order: The Misesian Microfoundations of the Hayekian Great Society"），见于《奥地利经济学评论》（*Review of Austrian Economics*, 17, 2004），第 307-321 页。

（capital goods）灵活性产生的问题，货币计算必不可少。奥地利学派认为，要想正确理解经济生产怎样满足人们的需求，就离不开他们的资本理论。

现在，我们暂且把弄清楚消费者到底想买什么的问题放在一边。就算我们能在没有市场价格和盈亏信号的情况下知道这些信息，仍然必须弄清楚如何最好地生产那些商品。对市场持怀疑态度的人往往忽视了经济计算方面的问题。他们未能充分认识到获得生产所需的知识对生产者是一种挑战，他们似乎以为，有价值的知识不过是消费者偏好。这些批评人士通常认为，可以通过将某种调查工具与联网计算机结合起来解决问题。但这解决不了问题，我们将在下一章分析这一点。即使可以解决，还有第二个，也许是更困难的问题存在，即如何最好地生产那些商品和服务。

任何给定的产出都可以通过各种各样的方式和投入组合来生产。生产商应该选择哪一种？假设你可以用几种不同材料生产男士运动鞋，从皮革到帆布，再到某种塑料。进一步假设，生产这些鞋子可能用到数量不同的劳动，以及劳动和投入的组合。或者假设你知道人们想要的是皮鞋。你要用哪种皮革？用量多少？会用多少劳动和多少台机器？即使你或多或少知道人们想买的是什么，但要回答如何最好地生产那些产品，仍然需要通过货币计算和市场价格来比较各种可相互替代的生产过程。

第五章 资本与计算

或者反过来考虑：任何给定的投入都可以用来生产一些产出，你应该用它生产哪些产出？你面前有一堆长方形的木板，这些木板可以生产许多东西。应该将它们用于哪个生产过程？如果没有市场价格可以用来比较可相互替代的生产过程，你怎么回答这个问题？生产者面临的根本问题是每一种产出都有许多可替代的生产过程来实现，而每一种投入都可以生产一些不同的产出。在任何经济体中，如何确定使用哪些投入来制造哪些产出都是生产的挑战。

这个问题的核心是资本的性质。所有经济学家都明白，资本与劳动一样，是生产过程的一种投入，而现代经济学甚至将劳动（或者更具体地说，是工人的技能、知识和经验）称为"人力资本"（human capital）。然而，当主流经济学家为生产建模时，往往将资本视为一种无差别的总量。标准生产模型只有一个 K（代表"资本"）和一个 L（代表"劳动"），其框架是生产某个特定产品所需的资本总量或劳动总量是多少。与之相反，奥地利学派从特定的资本品或有着特定技能的具体人类开始思考资本。特定的资本品可以用于一种以上用途，但不能用于所有用途。

正是这种资本的"多重特异性"（multiple specificity）产生了货币计算的需求。[1] 如果每一种资本品都有且只有一种用途，那么如何使用这种资本品的问题就不存在了。如果资本

---

[1] 参见拉赫曼在《资本及其结构》（*Capital and Its Structure*）中的讨论，第 1–19 页。

品有无限的可塑性，可用来生产任何东西——这本质上就是主流经济学模型将资本视为一个总量 K 的假设——那么同样地，哪种生产过程要用哪种资本品的问题也基本上消失了。因为资本品具有多重特异性，所以将何种投入用于何种产出的问题很重要。一旦以这种方式看待资本（似乎资本可以像汤那样一勺一勺舀出来），生产的问题就不再是使用**多少**资本，而是使用**哪种**资本，才能使资本品和人力资本以适当的方式相结合，以生产所期望的产出。在奥地利学派看来，资本不是一勺勺的汤，而是拼图的碎片。[1] 只有确定的拼图块才能以正确方式与其他拼图块嵌合在一起，形成所需的图案。我们的目标不仅仅是使用更多碎片，而是使用正确的碎片。要弄清楚哪些是正确的碎片，以及它们能否嵌合在一起，需要进行经济计算。

　　自门格尔以来，关于资本的这种观点一直在奥地利学派中占据主导地位。与古典经济学家的生产成本价值理论（投入的价值决定产出的价值）不同，主观主义和边际主义告诉我们，情况恰恰相反。**投入**的价值来源于消费者对其**产出**赋予的价值。资本、劳动和土地之所以具有价值，是因为消费者重视这些特定的投入所生产的商品。资源从原材料和其他投入流向消费品，而价值从消费者的需求流向投入。门格尔还认识到，

---

[1] 或者用彼得·贝奇的比喻：对于奥地利学派而言，资本更像一套乐高积木，而不是一团可塑的橡皮泥。

第五章　资本与计算

资本品可以用它们与最终产出的接近程度来描述。[1] 例如，我在熟食店买的三明治，其中的面包是一种一阶资本品，因为它直接贡献于消费品。用来制作这片面包的小麦是制作这块三明治的二阶资本品，因为它是一阶资本品的投入。还需要注意的是，物理性质完全相同的商品既可以是一阶资本品，也可以是二阶资本品，这取决于所涉及的产出。面包店既可以买面粉来做面包，然后卖给熟食店做成三明治销售，又可以用同样的面粉来烘焙一块蛋糕卖给消费者。面粉是做三明治的二阶资本品，却是做蛋糕的一阶资本品。如果某个消费者买了同样的面粉在家里使用，那它就是消费品，而不是资本品。一种东西之所以成为资本品，首先不取决于它的物理性质，而是取决于它在生产过程中的角色。

考虑到所有这些复杂性，需要有某种方法在各种替代方案中加以选择。这就需要进行货币计算了。市场经济的基本事实是用货币交换商品和服务。想象一个以货易货的经济，人们直接用商品交换商品，我们会发现一个问题：每种商品不是只有货币计价的单一价格，而是有成千上万的不同价格——它所要交换的商品不同，价格也就不同。苹果的价格可以橙子、香蕉、马、汽车或者其他任何东西为单位来衡量。即使可能有这样的世界，比较不同投入组合价值的任何尝试也很快会变得极其复杂，实际上不可能进行。

---

[1] 门格尔：《国民经济学原理》，第55–67页。

货币的使用为我们提供了一套仅按一种商品计算的通用价格。现在，每种商品都有一个价格，而所有这些价格都以同一种商品为单位。观察温度计读数就可得知某种物品的温度，但观察货币价格并不能立刻得知某种商品的价值，可是，由于货币价格与经济主体对商品的主观评价有因果关系，货币价格仍是不可或缺的比较工具。有了货币价格，比起比较各种实物，我们比较替代性的投入组合就容易多了。

当我们用货币交换商品和服务时，我们是产生这些价格的供求过程的一部分。以此方式，这些价格既反映了我们的偏好和主观成本，也反映了参与市场的所有其他消费者和生产者的偏好和主观成本。然后，当企业想弄清楚人们想要什么以及如何最好地生产时，这些价格就反映到了企业的决策过程中。通过将所有交换比率简化为共同的单位，货币交换让价格能够一致地反映偏好和成本，从而使我们能够计算利润和亏损，并形成预算。

在这个货币计算过程中，预算是第一步。企业会对其投入的成本和最终产品的收益作出最佳猜测。预算期过去后，公司将知道它的利润或亏损。预算使用货币计算，以求在实际配置投入之前作出尽可能好的决定，而在配置投入之后，利润和亏损将显示他们之前的决定是好是坏。利润表明创造了价值，亏损表明破坏了价值。货币计算的过程是让我们确定，在各种技术上可行的生产方式中，哪一种是经济上最有效率的，也就是说，如盈亏所示，哪一种创造了最大的价值。

这是一个没有终点的过程。一旦计算出上一期的利润或亏损，企业家就必须解释这些数据，并为下一期制定新的预算，然后将再次通过盈亏进行检验。尤其重要的是，企业家必须决定，是否有必要改变最近生产过程中使用的资本品和劳动的组合，如果要改变的话，又该怎样改变。亏损表明，这些投入没有像预期那样良好地契合，因此拆散该组合并替换新的投入可能是必要的。基于竞争中出现的盈亏数据，而不断进行的资本组合的这种洗牌和再洗牌是市场的学习过程。资本的多重特异性使该过程成为必要，而价格的存在解决了相关问题——由货币交换所形成的价格，让我们得以进行货币计算。

奥地利学派对资本和货币计算的这种观点，让我们对盈亏的理解与主流经济学教科书中通常看到的有所不同。大多数标准表述集中在利润和亏损的激励效应上——我们也把这个问题作为"利润动机"（profit motive）的重要性来讨论。利润（和亏损）作为一种激励或动机，有助于人们就如何分配资源作出良好的决定，这当然没错。利润的诱惑是重要的，让人们思考如何最好地创造价值。然而，仅仅有动机是不够的。即使每个人都非常渴望为他人创造价值，这种动机也不能回答如何去创造价值的问题。如果不知道追求自身欲望时的表现是好是坏，那么欲望本身仍然不能让我们实现社会期望的结果。从奥地利学派的观点来看，盈亏的关键功能不是动机性的，而是**认识**

性的：盈亏信号为我们提供了以其他方式无法得到的知识。以这种方式看待盈亏，也提供了一种不同方式来看待补贴、救助或没收性利得税等政策。所有这些政策都切断了盈亏过程，从而阻止了它向企业家发出准确信号（并为企业家提供正确的激励）。利润和亏损就像我们神经末梢发出的快乐和痛苦的信号，如果我们感觉不到手放在火炉上的疼痛，就不知道是否灼伤了自己。扭曲盈亏过程的政策因素使我们无法了解我们对资源的利用是好是坏。如果没有真正的盈亏信号，生产商就会盲目行事，而消费者也会因此遭受损失。

第六章

计划经济的辩论

第六章　计划经济的辩论

上一章我们所讨论的奥地利学派对资本和货币计算如何驱动市场过程的描述，构成 20 世纪最重要的社会科学辩论之一的前沿和中心。从 19 世纪中叶卡尔·马克思的著作开始，许多思想家发展了支持社会主义和中央计划经济优越性的观点。到 20 世纪初，这些观点与对理性主义和科学的强烈信仰结合在一起，再加上许多国家在第一次世界大战期间经济集权所得的经验，创造了一种社会主义构想，即用有意的、科学的经济管理取代较为混乱无章的资本主义学习过程。社会主义将比资本主义更受欢迎，不仅因为它更公正（它消灭了剥削的资产阶级），而且因为它更合理、更高效。它以事前的经济计划取代了充满浪费的资本主义事后学习方式（这是资本主义盈亏系统的特征）。计划经济的支持者认为，经济计划人员可以收集必要的信息，以决定需要生产什么，以及如何以最好的方式生产，而无须用到货币、市场或价格。他们还认为，这样做的话，计划人员就可以避免依靠竞争来决定各种企业家计划是好是坏所带来的浪费。

奥地利学派，尤其是路德维希·冯·米塞斯，踏进了计划经济高涨的大潮之中。1920 年，米塞斯发表了论文《社会主义国家中的经济计算》（"Economic Calculation in the Socialist Commonwealth"），随后于 1922 年出版了《社会主义》（*Socialism*）一书。[1] 1920 年那篇论文的中心主张也是后一本书的核心，即计划经济**不可能**成功，因为这些计划者绝不可能知道某种资源配置方案是否比其他方案更有效，他们绝不可能制订完全合理的计划。因此，这种生产不可能超过资本主义。米塞斯的论点是：资源的合理配置需要以某种方式来比较替代性的生产过程及其产出。基于中央计划者所决定的生产商品的劳动，米塞斯讨论了各种方法，并一一排除，这主要是因为劳动不能简化为某种抽象的单位。因此，米塞斯认为，只有市场价格才能充分实现这一目的。虽然这样的价格可能并没有完美地反映价值，但它们已足够进行相关比较，比任何替代方案都好。

然而，米塞斯并没有止步于此。他认为，要让价格发挥作用，那它们就必须是由货币交换商品而出现的实际市场价格。以货币计价的交换意味着每一种商品都在与同一种商品（货

---

[1] 米塞斯：《社会主义国家中的经济计算》，见于《集体主义计划经济》（*Collectivist Economic Planning*），哈耶克编辑（Clifton, NJ: Augustus M. Kelley, 1975），第 87–130 页；米塞斯：《社会主义：经济学和社会学分析》（*Socialism: An Economic and Sociological Analysis,* Indianapolis: Liberty Fund Press, 1981）。

币）进行比较，正因为如此才产生了一种通用的记账单位，让人们能够进行经济计算。但商品要与货币进行交易，就必须有市场交换。米塞斯还认为，市场交换要求有私有财产。米塞斯的观点是：如果想要得到有意义的价格，足以用来进行所需的价值比较，那么必须是在市场过程中，以一种被普遍接受的交换媒介来进行私有财产交换所产生的价格才有可能。米塞斯强调，资本品尤其如此。即使我们可以想象这样一个经济体，其中个人消费品可以在市场上交易，或者计划者可以确切地知道人们想要什么种类的消费品，但如何以最佳方式生产这些商品的问题仍然存在。

前面的章节讨论过，任何经济体系中的问题都是如何确定、怎样使用可作为多个生产过程投入要素的商品，以及在生产某种特定商品存在许多技术上可行的方案时，确定哪一种方案是经济上最有效率的。20 世纪 20 年代早期，米塞斯指出，不管市场价格有多少不足，但如果不利用市场价格，就没有办法回答这个问题（假定人们关心资源的合理分配）。其中还包含对资本品市场价格的要求。而如果市场价格只能通过私有财产与货币的交换而产生，那么，资本品公有的世界（如计划经济者的倡议）就不可能合理配置资源。一个以高度社会合作为特征的先进、复杂和繁荣的经济体必然是资本主义经济体，因为必须实行生产资料的私人所有制。计划经济者宣称其制度比资本主义更具有生产力和效率，米塞斯则声言，他的论证对这种主张是致命一击。

米塞斯对计划经济的挑战是上一章所提出的奥地利学派思想的应用。奥地利学派对资本和货币计算的理解不仅描述了市场是如何运作的，而且描述了为什么计划经济行不通。通过价格和盈亏信号，市场让人们能够利用他人的知识。如米塞斯在1920年所指出的那样，这种方式有其不完美之处，但考虑到资本品具有多重特异性，如果脱离价格所提供的"思维帮助"（aids to the mind），我们就根本无法决策。[1] 从事后回看，市场竞争确实会产生浪费，但浪费是不可避免的副产品，它产生于帮助我们进行正确资源配置（如我们常常所做的那样）的同一过程。于事后通过盈亏信号来学习是得知我们是否创造了价值的唯一途径，生产资料私有制是盈亏信号存在的基础，因此，我们无法以消灭生产资料私有制的方式来废除这些信号。米塞斯认为，不管我们多么渴望在从事生产之前就确切地知道我们是否在做正确的事情，但是这非人类的能力范围之所及。他相信，这一论证是对理性经济计算可能性的决定性驳斥。

20世纪20—30年代，一些计划经济者和主流经济学家对米塞斯的观点作出了回应，其中最著名的是波兰经济学家奥斯卡·兰格（Oskar Lange）。1936年，兰格提出，正统的经济理论没有理由认为国家资本所有制不能产生同一理论所认为的

---

[1] 米塞斯：《社会主义国家中的经济计算》，第102页。

市场能够产生的最优结果。[1]具体而言，像兰格这样的"市场社会主义者"（market socialists）提出了各种版本的论点，认为"中央计划委员会"（Central Planning Board, CPB）可以运用试错法来确定资本品的最优配置。米塞斯认为，必须是私有财产与货币交换产生的价格才有用，而市场社会主义者认为这种想法是错误的。中央计划委员会可以指定一个价格，观察投入要素的生产者的需求和供给情况，如果过剩，就降低价格；如果短缺，则提高价格。兰格和其他人相信，这一过程连续进行几轮，就可以产生投入要素的均衡价格，即确保资源有效分配所必需的价格。在他们看来，中央计划委员会不过是扮演了"市场"的角色，在生产者的计算中提供价格作为既定的信息。兰格认为，计划者所需要的知识，与经济学家使用均衡理论来解释市场如何运作时所假设为"给定"的知识相同。如果是这样，加上试错法（他们认为这不过是在模拟市场）能够奏效的话，那么在**理论层面**就没有理由认为计划经济及生产资料公有制不能产生合理的资源配置。

　　哈耶克更认同奥地利学派一方的观点，他认为兰格和其他人误解了市场的本质，特别是误解了市场是怎样通过货币计算和价格体系让我们能够利用彼此的知识，从而创造出非计划的

---

[1] 奥斯卡·兰格：《论社会主义经济学思想》（*On the Economic Theory of Socialism*, ed. Benjamin Lippincott, New York: McGraw-Hill, 1964）。

秩序的。[1] 哈耶克指出，经济学太过沉迷均衡结果的抽象建模，这种模型以假设消除了知识的关键问题，而解决这些问题以存在市场和货币为必要基础。这些均衡模型给予经济学家错误的信念——他们可以计划那些不可计划之事。而哈耶克对经济有着不同看法，经济中的价格体系让个人能够分享知识，否则这些知识将是未知的且不可利用的——因此，经济学家或计划者不可能获得这些知识，并在大规模经济计划中加以利用。哈耶克回归到了门格尔的自发秩序主题，他的缘于价格在社会学习过程中作为知识替代品角色的新理解将这一主题进行了深化[2]（第八章对此有更多阐述）。

时间过去了近百年，回首这场辩论，我们知道奥地利学派一直都是正确的：计划经济不可能成功。人类知识的本质和资本配置的复杂性，使我们无法自上而下地管理经济，而只能依赖由价格和利润信号驱动的分散决策过程。试图实行中央计划的政府很快发现，他们所渴望的繁荣和经济更为平等的目标无法实现。在一个又一个国家，计划经济的政府不肯承认失败，

---

[1] 参见哈耶克关于经济计算的三篇文章，都收录在他的文集《个人主义与经济秩序》(*Individualism and Economic Order*, Chicago: University of Chicago Press, 1948) 中，分别是《问题的性质和历史》("The Nature and History of the Problem")、《辩论的现状》("The Present State of the Debate")、《有竞争力的解决方案》("The Competitive Solution")。

[2] 参见哈耶克著名论文《知识在社会中的运用》("The Use of Knowledge in Society")，见于《美国经济评论》(*The American Economic Review*, 35–4)，第519–530页；这篇1945年的论文也收录在哈耶克的著作《个人主义与经济秩序》中。

而是进一步加强权力，使公民变得贫穷，而政治领导则增大了个人影响力和物质财富。20世纪末，几乎所有名义上的此类尝试都失败了，这证明米塞斯、哈耶克和奥地利学派是正确的。

然而，20世纪40年代的结论并非如此。当时，经济学界普遍站在兰格和市场社会主义者一边，至少经济学家都赞同在**理论上**没有理由更喜欢市场经济，而不是计划经济。他们认为，兰格表明，理论上二者都可行，我们必须根据具体情况，逐案作出判断。米塞斯和哈耶克在这场辩论中的主张——计划经济不可能成功——没有被接受。

人们一直认为这场争论已经平息，直到20世纪80年代中期，唐·拉沃伊（Don Lavoie）出版了《竞争与中央计划》（*Rivalry and Central Planning*）一书，重新点燃了辩论之火，并强化了奥地利学派反对计划经济的理由。[1] 拉沃伊重点回顾了这场辩论中哈耶克和兰格之间的交流。他认为，兰格以及后来支持他的经济学家误解了奥地利学派的观点，因为兰格没有完全理解奥地利学派动态的竞争观和他们对均衡理论的怀疑。拉沃伊之所以能够更清楚地阐明奥地利学派的观点，要归功于奥地利学派在辩论之后几十年中坚持其传统的研究成果。他证明了米塞斯和哈耶克提出的论点不仅不同于批评者的理解，而

---

[1] 唐·拉沃伊：《竞争与中央计划：社会主义计算辩论再思考》（*Rivalry and Central Planning: The Socialist Calculation Debate Reconsidered*, Cambridge, MA: Cambridge University Press, 1985）。

且比批评者所认为的更为有力。拉沃伊重提这场辩论恰逢其时，因为到了 1985 年，现实中存在的计划经济的失败正变得越来越明显，所以奥地利学派反对计划经济的理由与经验证据恰好吻合。他的著作迫使人们重新思考计划经济的理由，并从更广泛的角度重新考虑奥地利学派的论点，甚至著名的经济思想历史学家、社会主义者罗伯特·海尔布罗纳（Robert Heilbroner）最终也承认"米塞斯是对的"。

认为奥地利学派输掉了"经济计算之争"，这一观点的某种讽刺意味在于，它与认为哈耶克输掉了与凯恩斯辩论的类似观点（见第七章）一起，促使哈耶克重新思考他支持市场的论点，并试图弄清楚为什么他不能为人所理解。在第二次世界大战之前，不管是米塞斯，还是哈耶克，都不认为奥地利学派对经济学的理解与新兴的新古典主流经济学有太大不同。普遍的观念是，奥地利学派传统中最重要的东西已被纳入当时的主流经济学思想。哈耶克原本认为，经济学家普遍认同这样的理解，但当他看到他们开始站在兰格（以及凯恩斯）一边时，他肯定不仅感到失望，而且感到困惑不解。为什么这些人（哈耶克以为他们看待经济学的态度与自己相似）突然就接受了对方的观点？从 20 世纪 40 年代中期到 50 年代早期，哈耶克的大部分工作可以被视为寻求这个问题答案的过程，我们将在第八章对此进行探讨。

曾经，兰格在他关于计划经济辩论的主要著作中开玩笑说，市场社会主义者应该在计划委员会的大厅里建一座米塞斯的雕像，以感谢米塞斯使他们弄清楚了"为什么米塞斯是错误的"，以及"为什么计划经济能够行得通"。但事实证明，最终恰恰是兰格为奥地利学派扮演了这样的角色，他不仅迫使哈耶克和其他人重新思考并加深了他们对市场如何运作的理解，而且弄清楚了为什么他们的观点如此难以被经济学界其他人所理解。兰格的工作促使奥地利学派澄清了其观点的独特性，以及它为什么确实与主流经济学不同。辩论结束以来的近百年里，奥地利学派经济学的成长在很大程度上应当归功于这种反思过程。

第七章

奥地利学派商业周期理论与哈耶克—凯恩斯之争

哈耶克在与计划经济学者辩论的同时，还与英国经济学家约翰·梅纳德·凯恩斯（John Maynard Keynes）进行了一场同样重要的辩论。哈耶克和其他人在米塞斯关于商业周期的早期研究的基础上，于20世纪30年代初发展出了一个更为完整的繁荣—萧条周期理论，该理论成为经济学的主导理论之一。[1]凯恩斯则提出了一种非常不同的"宏观经济"构想，对于为什么会出现经济衰退以及如何应对衰退，最终，凯恩斯的解释赢得了胜利，统治经济学长达数十年。就像计划经济的辩论那样，当这场辩论刚刚结束之时，人们认为哈耶克输给了凯恩斯。然而，后来的研究证明哈耶克对凯恩斯的一些批评是正确的，尽管经济学界对奥地利学派经济周期理论的评价远不如对其关于计划经济的立场的评价积极。奥地利学派经济学家们

---

[1] 参见米塞斯：《货币与信用理论》（*The Theory of Money and Credit*, Indianapolis: Liberty Fund Press, 1980），以及哈耶克：《货币理论与贸易周期》（*Monetary Theory and the Trade Cycle*, Clifton, NJ: Augustus M. Kelley, 1966）。

继续坚持自身对宏观经济学截然不同的理解。而奥地利学派宏观经济学观点的基础与我们在前几章中强调过的奥地利学派方法的要素完全相同。

有时，奥地利学派的商业周期理论被称为米塞斯—哈耶克商业周期理论，最早是由米塞斯在其 1912 年的著作《货币与信用理论》中描述的。在那本书中，他借鉴了英国的货币理论传统，并将之与奥地利学派前辈的资本理论以及瑞典经济学家克努特·维克塞尔（Knut Wicksell）关于利率作用的研究结合了起来。

米塞斯认为，商业周期始于通货膨胀，通货膨胀意味着货币供应量超过了当前价格水平下持有货币的需求。在《货币与信用理论》中，米塞斯提出了货币需求的"现金—余额"（cash-balance）方法，认为对货币的需求是对保留实际购买力的款额的需求，重要的是个人拥有的货币能买到什么。如果银行体系创造的货币超过了人们希望保留的购买力，他们就会花掉多余的货币，从而推高价格，这种价格上涨是货币供应过剩的明显表现。

这种通货膨胀不仅仅会导致价格上涨。米塞斯解释了货币供应中的通胀性扩张怎样导致经济繁荣的不可持续，并一步步走向经济衰退。具体来说，他认为，无论是中央银行创造的，还是糟糕的私人银行系统创造的，货币的过度供应都会导致单个银行将**市场利率**（market rate，即银行向借款人收取的利率）降低到维克塞尔所说的**自然利率**（natural rate）以下——自然利率反映的是市场主体的实际时间偏好（time preferences）。[1] 银行系统面临的挑战是借款人和贷款人不能直接交易时间，而必须以货币的形式交易时间。贷款代表着财富随时间的流动，对于借款人来说，是从未来流动到现在；对于贷款人来说，是从现在流动到未来。奥地利学派将利率看作这种时间偏好的反映：在其他条件不变的情况下，我们对现在的偏好程度相对未来有多高，决定了我们的时间偏好，而我们的时间偏好又决定了自然利率。

市场利率是可贷资金（通过私人储蓄筹集）和对可贷资金的需求（借款人的投资）之间相互作用的结果。在一个运转良好的银行体系中，银行收取的市场利率准确地反映了那些潜在的时间偏好。换句话说，生产者为启动生产过程而支付的贷款利率与消费者牺牲现在的消费以获得更多的未来消费的意愿是互相协调的。

米塞斯认为，当出现通货膨胀时，银行得以发放更多贷款，并提供更低的利率来吸引新的借款人。[2] 在现代中央银行体系中，当中央银行直接从银行或者其他债券持有人手中购

---

[1] 克努特·维克塞尔：《利率与价格》（*Interest and Prices*, Auburn, AL: The Ludwig von Mises Institute, 2007）。

[2] 参见米塞斯在《货币与信用理论》第 19 章的讨论。

买政府发行的债券时，货币供应就会扩大。[1] 不管哪种情况，最终央行为购买这些债券而创造的货币会进入银行，成为新的储备。于是，如果银行对借款人略微降低一点利率的话，这些新储备大部分可以出借给借款人。当这些借款人花掉这些货币时，整个经济体的价格都会被推高，这就是信贷扩张的后果。

此外，银行降低市场利率也显示出人们的时间偏好发生了变化，人们储蓄得更多，则更愿意等待未来的生产。借入了新资金的企业将这一信号解读为：它们可以将更多投资注入生产的早期阶段，这将会拉长最终消费品产出的时间，但其结果是获得更多产出。更低的利率意味着其他条件不变的情况下，长期项目更为有利可图。然而，公众实际上并没有改变意愿，并非更愿意等待更长时间以获得更大产出。其后果是生产者的期望和消费者的偏好不匹配。这种跨期失调既是奥地利学派商业周期理论的核心，也是该理论认为经济繁荣不可持续的原因。

随着企业将新借入的资金投入研发或购买原材料等事项，这些产业的雇佣增加，进而推高了工资和补充资本品的价格。这种活动是商业周期中的"繁荣"部分。米塞斯和哈耶克既知道繁荣对这类资本品造成了不成比例的影响，也知道任何好的商业周期理论都必须解释这一现象。只要过量的货币供应持续下去，并且以越来越快的速度增长，繁荣就会继续，最终会是

---

[1] 或者就像美联储自 2008 年以来所做的那样，央行降低了支付给银行准备金的利率，让贷出准备金在边际上更具有吸引力。

两种情况之一：要么通胀停止，导致商业周期的泡沫"破裂"，转为萧条；要么通胀继续攀升，导致米塞斯所说的"崩溃的繁荣"（crack-up boom），即货币体系因过度通胀而完全崩溃。[1] 在第一种情况下，生产早期阶段的要素价格上涨，加上意料之外的消费者对消费品的高需求（因错误的利率信号所导致），最终会使得生产者意识到自己尚未完成的生产过程不再有利可图。于是，他们开始放弃这些项目，裁员、闲置资本。繁荣变成萧条，衰退开始了。

关于这一理论，有一条重要的注解：问题发生在繁荣时期，而萧条是必要的纠正过程。经济衰退所做的就是让繁荣时期犯下的错误［奥地利学派称之为"不当投资"（malinvestment）］显现出来，并开始重新配置资源，配置到更有价值的用途中。这就像酗酒之后的宿醉，第二天早上你醒来时觉得不舒服，并不是因为你当天早上做错了什么，而是你头一天晚上所做错误决定的后果。你的身体之所以感到不舒服，正是其修复酒精所造成的有害影响的方式。你感到不适，但实际上这种感觉是你正在好转的证据，因为你的身体正在排出毒素。就奥地利学派对商业周期的理解而言，这也意味着在衰退期间正确的政策是让经济自愈，政府**最不该做**的事情是试图制造新的通胀来解决衰退。这种"解决"只会让最初的问题再度出现。

在 20 世纪 20 年代，米塞斯和哈耶克发展了这一理论。它

---

[1] 米塞斯：《人的行为》，第 427 页。

被相当多的经济学家所接受，成为解释繁荣和萧条的主要理论之一。奥地利学派的理论强调，利率信号必须产生于健全的银行体系中，在此背景下，是储蓄导致资本的积累和产出的扩大。然而，被最为广泛接受的与之相竞争的理论则强调消费和支出，视之为经济健康发展的关键。凯恩斯在1930年出版的《货币论》(*A Treatise on Money*) 中，将上述某些观点系统化，并将它们与维克塞尔的研究联系起来，这种联系方式与奥地利学派的理论有部分重叠。[1] 哈耶克在主要经济学期刊之一《经济学刊》(*Economica*) 上发表了一篇分为两部分的长文，对该书进行了评述。[2] 尽管他在某些方面也对凯恩斯表示赞同，但其评论主体上是批评性的。他关注的焦点是凯恩斯运用总量对储蓄、投资、就业和产出之间的关键关系进行建模的方式，认为这种方式掩盖了一些重要问题。哈耶克特别指出，凯恩斯的著作忽视了微观经济的调整过程，而这既是良好理解经济波动的核心，也是奥地利学派理论的特征。对于理解米塞斯和哈耶克所描述的资本的作用和生产阶段之间的调整，这一点尤其重要。在寻求发展一种总量的"宏观经济学"的过程中，凯恩斯的著作掩盖了相对价格之间的关系。

---

[1] 凯恩斯：《货币论》(London: Macmillan and Company, 1930)。

[2] 哈耶克：《对凯恩斯先生的纯粹货币理论的思考》("Reflections on the Pure Theory of Money of Mr. J. M. Keynes")，见于《经济学刊》(35, February 1932)，第22–44页；后收录在《哈耶克文集》(*The Collected Works of F. A. Hayek*, Chicago: University of Chicago Press, 1995)，第九卷。

从出版《货币论》到 1936 年出版《就业、利息和货币通论》（*The General Theory of Employment, Interest, and Money*）的几年间，哈耶克和他的一些学生继续强调，奥地利学派的理论优于凯恩斯正在研究的思想。[1]奥地利学派面临的一大问题是，随着始于 1929 年的大萧条恶化并蔓延至全球，奥地利学派让市场自我修复的处方在政治上越来越站不住脚。之前的经济萧条，即使是 19 世纪 90 年代相当严重的那一次，也从来没有这么夸张（1933 年初，美国的失业率接近 25%），从来没有持续这么长时间（大萧条一直持续到 20 世纪 30 年代中期）。当世界各国不可避免地要求政府"做点什么"时，由于缺乏积极的政策改革计划，奥地利学派的理论就显得很脆弱了。

与此同时，面对哈耶克对其 1930 年著作的广泛批评，凯恩斯面临两种选择：他既可以把这些批评考虑进去，纳入这些批评意见并修正自己的理论，也可以朝着哈耶克认为错误的方向继续前进。凯恩斯选择了后者。《就业、利息和货币通论》去掉了《货币论》中的维克塞尔元素，扩大了总量数据的使用，而这些总量数据与任何真正的微观经济学基础都没有关系。用最简单的形式表述，凯恩斯认为，封闭经济体的总支出（Y）可以理解为消费支出（C）、投资支出（I）和政府支出（G）的总和：$Y = C + I + G$。然后，支出总额又与就业人

---

[1] 凯恩斯:《就业、利息和货币通论》（New York: Harcourt, Brace and Company, 1936）。

数联系在一起，而支出的下降可能使经济体陷入"失业均衡"（unemployment equilibrium）。凯恩斯认为消费是一个相当稳定的变量，而投资则远不如消费稳定，它取决于凯恩斯所谓的"动物精神"（animal spirits），即企业家预期。如果企业家预期转为负面，则会导致 I 下降，而市场经济不存在用其他形式的支出来抵消投资支出下降的内在机制。在凯恩斯的体系中，这种主张的关键在于他相信投资和储蓄之间没有必然的联系。投资取决于动物精神，而储蓄取决于家庭总收入。[1]

这与奥地利学派的观点形成了鲜明对比，瑞典学者（如维克塞尔）和英国货币理论家也持同样观点——投资和储蓄由利率联系在一起。如前所述，在关于利率的"可贷资金"（loanable funds）方法中，他们认为市场利率协调了贷款人和借款人的时间偏好。如果奥地利学派是正确的，那么企业家预期的下降会降低借贷需求。借贷需求下降会降低利率，而低利率会抑制储蓄，从而鼓励消费。同样，如果家庭决定增加储蓄，凯恩斯主义者认为这种变化会导致消费支出的下降，而这种下降是无法抵消的，但奥地利学派认为，储蓄增加意味着可贷资金的供应增大，会导致利率下降，这将使借贷成本降低，从而增加投资支出，这既与增加的储蓄相适应，也抵消了消费的下降。在奥地利学派的理论中，利率协调了投资和储蓄。在

---

[1] 参见凯恩斯：《就业、利息和货币通论》。如今这些观点仍然是许多宏观经济学入门课程的基本模型，被称为"凯恩斯交叉图"（Keynesian Cross）。

凯恩斯的理论中，这种协调绝无可能，因此经济容易受到企业家反复无常的期望的影响。[1]

　　不同的观点直接影响政策。在简单的凯恩斯模型中，投资支出的下降不会被消费支出的增加所抵消，但**可以**被政府支出的增加所抵消。因此，凯恩斯主义者认为，为了避免经济衰退，政府必须通过不平衡预算来弥补私人支出的变化。当衰退出现时，政府应该增加支出，减少税收，利用赤字来给私营部门"打气"（prime the pump），恢复充分就业下的均衡。他们还认为，在经济高增长时期，政府应该保持盈余，从而为不景气时所需的赤字准备资金。值得注意的是，这种想法导致几十年来几乎一直持续的财政赤字。政客们没有动力以盈余填补赤字，因为这意味着增加对选民的税收，减少在他们身上的支出。也就是说，在凯恩斯主义的设想中，民选官员在经济学家的帮助下，可以操纵经济，使之处于通胀过热的"斯库拉"（Scylla）和衰退的"卡律布狄斯"（Charybdis）[2]之间。他们认为，经济不能自我修正。

---

[1] 关于本节中讨论的凯恩斯与奥地利学派的对比，参见拙作《微观基础与宏观经济学：奥地利学派的视角》（*Microfoundations and Macroeconomics: An Austrian Perspective,* New York: Routledge, 2000），第86-90页，以及罗杰·加里森（Roger Garrison）：《时间与货币：资本结构的宏观经济学》（*Time and Money: The Macroeconomics of Capital Structure*, New York: Routledge, 2001），第7章。

[2] 在希腊神话中，墨西拿海峡的两端分别由女海妖斯库拉和漩涡怪兽卡律布狄斯把守，经过此地的船只和水手会被他们吃掉。在西方，"斯库拉和卡律布狄斯之间"有"左右为难、进退两难"的意思。——译者注

相比之下，奥地利学派的观点认为，**只要有正常运作的银行体系**，而且没有其他糟糕的政策选择阻碍市场进程，市场就会自我修正。对于奥地利学派来说，在正确的制度和政策下，市场有可能自我修正，而凯恩斯学派连这种可能性都否认了。在凯恩斯主义看来，没有政府干预的情况下，一个经济体能实现充分就业纯粹是撞了大运。[1]

我要指出的是，这两种截然不同的观点的核心分歧在于哈耶克和凯恩斯如何理解资本的作用，以及与之相关的经济计算问题。[2]凯恩斯主义的总量意味着公式 $Y = C + I + G$ 中的 I 代表经济体中所有投资支出。在总量分析的层次上，奥地利学派的观点——存在一个从早期的研发阶段延伸到接近消费品的后期阶段的资本结构，而经济增长的关键是以可持续的方式在这样的资本结构中配置资源——并不在这幅图景中。在奥地利学派的理论中，经济计算的作用是使企业家能够利用价格（**包括利率**）来决定在空间和时间上如何使用资源。

从这种观点来看，利率可以理解为不同生产阶段之间的价

---

[1] 哈耶克与凯恩斯的辩论在理论和政策层面的核心思想，在约翰·帕波拉（John Papola）和鲁斯·罗伯茨（Russ Roberts）创作的相关经济学 MV 视频中得到了很好的概括。参见《恐惧繁荣与萧条》（*Fear the Boom and Bust*），链接：https://www.youtube.com/watch? v=d0nERTFo–Sk，以及《世纪之战》（*Fight of the Century*），链接：https://www.youtube.com/watch? v=GTQnarzmTOc。

[2] 接下来的内容摘自拙作《资本概念的对比：再看哈耶克–凯恩斯之争》（"Contrasting Concepts of Capital: Yet Another Look at the Hayek-Keynes Debate"），见于《私营企业杂志》（*Journal of Private Enterprise*, 27, 2011），第 9–27 页。

格差异。当利率变化时，奥地利学派认为，这将向企业家发出信号，要他们调整在整个生产结构中的支出。高利率将缩短生产过程，并鼓励更接近消费的支出；低利率将延长生产过程，并鼓励在生产早期阶段的投资。换句话说，通过将投资 I 分解为由利率协调的多个阶段的投资，奥地利学派的资本观念能够解释市场的自我修正特征。用凯恩斯主义的术语来说，I 的变化会被 C 在相反方向的变化所抵消，从而避免了为防止经济衰退而增加 G 的需要。如果没有维克塞尔对利率的关注，以及资本理论，凯恩斯就无法从理论上建立一个自我修正的过程，以抵消投资支出的下降。

20 世纪 30 年代哈耶克和凯恩斯之间的辩论与同时发生的计划经济辩论一样，不仅与一个利用资本的复杂经济体本质相关，而且与价格的功能（能够让企业家通过货币计算来最好地配置资源）相关。理解奥地利学派商业周期理论的一种方法是，这是一个因为政府的不当管理而让价格发出错误信号的故事。由于央行的权力，它们将市场利率压到自然利率以下，发出了一个关于消费者家庭时间偏好的错误信号，导致企业家高估了未来发生的消费支出，从而犯下系统性错误。企业家为这样的未来消费而设立的（扩大投资）计划导致"繁荣"，而他们最终纠正错误导致"萧条"。如米塞斯和哈耶克所说，市场价格是一般情况下资源合理配置的必要条件，因此，在其商业周期理论中，他们也认为，市场驱动的利率是不同时间阶段资源合理配置的必要条件。就像在计划经济辩论中一样，奥地利学派在与凯恩斯的辩论中得出的政策结论是，在正确的制度下（如在私有财产和限制政府干预的制度下），市场价格将能比其他方式更好地发挥作用。

那么问题来了，如果市场可以自我修正，为什么我们会有大萧条？为什么我们会持续经历一次又一次商业周期性的繁荣和萧条？答案是只有在游戏规则正确的前提下，市场的自我修正过程才会有效地发挥作用。就大萧条的情况而言，奥地利学派认为，20世纪20年代（以及30年代和40年代）的世界缺乏正确的规则。20世纪20年代，美联储系统创造了过度的货币供应，这助长了奥地利学派所说的人为繁荣（很像美联储在21世纪初房地产泡沫中的所作所为）。而1929年经济崩溃发生后，联邦政府采取的一系列政策使得泡沫并未破裂，繁荣时期的错误并未得到纠正（与之前经济衰退时采取的策略一样）。美联储不仅制止了通货膨胀，在1930年至1933年，它实际上还减少了超过30%的货币供应。如果物价和工资能够相当迅速地同时下降，那么经济衰退可能不会太严重。但胡佛政府说服工业界在价格下跌时保持较高的工资水平，《斯穆特—霍利关税法案》（the Smoot-Hawley Tariff Act）[1]的保护主义也让一

[1] 1930年初通过的关税法案，大幅提高了农产品及制造业产品的进口关税。欧洲国家采取反制措施，纷纷提高美国商品的进口税，甚至拒绝美国商品，引发了一场贸易战。——译者注

些行业能够保持较高的工资水平。价格下降的同时，工资的下降要慢得多，二者的共同作用提高了劳动力的实际成本，导致的高失业率成为大萧条时期的特征。罗斯福新政的各种政策继续阻止市场价格的适当调整，并对市场经济的未来造成很大的不确定性，使得私人投资的复苏特别缓慢。

大萧条既不是资本主义内在不稳定性的证据，也不是市场经济无法自我修正的证据，而是说明了糟糕的制度和糟糕的政策选择既破坏了市场协调，又阻止了市场自我修正。在此过程中，这些制度和政策能够启动人为的繁荣，从而导致长期而深远的萧条，并为此付出巨大的人力成本。如果正确解读的话，大萧条在很大程度上证实了奥地利学派的观点。[1]

不幸的是，经济学界以及政界认为凯恩斯赢得了这场辩论。凯恩斯模型很快占据了主导地位，现代的"宏观经济学"深受影响。到20世纪40年代，奥地利学派的理论已经被断然放弃，只有非常少的一部分人仍然相信它具有解释力。在某

---

[1] 更多奥地利学派关于大萧条的观点，参见穆雷·罗斯巴德：《美国大萧条》（*America's Great Depression*, 5th edition, Auburn, AL: The Ludwig von Mises Institute, 2000）；以及史蒂文·霍维茨：《巨大忧虑，长期萧条：高迪·艾格森论20世纪30年代》（"Great Apprehensions, Prolonged Depression: Gauti Eggertsson on the 1930s"），见于《经济杂志观察》（*Econ Journal Watch, 6,* 2009），第313–336页。以奥地利学派观点来通俗解读大萧条的著作，参见劳伦斯·里德（Lawrence Reed）：《大萧条的伟大神话》（*Great Myths of the Great Depression,* Midland, MI: Mackinac Center for Public Policy, 2012），链接：https://fee.org/media/16865/great_myths_of_the_great_depression_2016.pdf。

种程度上，奥地利学派之所以会被抛弃，是因为它无法在大萧条的深渊中提出改革和复苏的积极构想，而凯恩斯学派，不管他们有多少错误，却做到了这一点。此外，哈耶克没有对凯恩斯的《就业、利息和货币通论》进行评判。多年来，哈耶克就此做了许多解释，但我们无法知道，即使哈耶克写了评论，那么这种评论是否能够战胜人们要求政府"做点什么"的愿望，并战胜凯恩斯主义美化政客能力的方式（给予他们一种控制的幻觉，并将他们放弃平衡预算的做法称为"高瞻远瞩"）。哈耶克在 1941 年出版的《资本纯理论》（*The Pure Theory of Capital*）中试图重述这些问题，该书结尾处确实包含对凯恩斯《就业、利息和货币通论》的简短批评，但哈耶克的书太晦涩了，也太迟了，无法吸引经济学家或决策者的注意力。[1] 要重构奥地利学派的理论，以一种有意义的方式来讨论制度改革，需要等到 20 世纪六七十年代广义凯恩斯主义模型的失败才有机会。

---

[1] 哈耶克:《资本纯理论》(Chicago: University of Chicago Press, 1941)。

第八章

哈耶克论价格、知识和经济学的本质

第八章 哈耶克论价格、知识和经济学的本质

在哈耶克批判计划经济以及与凯恩斯辩论时，他难以理解为什么自己的经济学同行对市场如何运作以及经济学本质的看法与他如此大相径庭。[1] 米塞斯和哈耶克都认为，任何正确的经济学方法都必须从行为人的感知和观点开始，这意味着经济学不能在所创设的模型中对行为人知道些什么作出太武断的假定。此外，他们的方法还将经济学的重点放在理解市场以及其他制度怎样让人们能够相互学习之上（尽管知识与环境相关，难以清晰表达，并且是分散的）。

如第六章结尾所指出的那样，要理解哈耶克从 20 世纪 30 年代中期到 50 年代早期的研究工作，一种方式是将之看作他的一种尝试——他试图弄清楚为什么人们认为他在这两场辩论中都输了。这一过程促使他重新思考知识在市场经济中的作

---

[1] 对哈耶克这一时期的思想主题及其演变的最佳概述是布鲁斯·考德威尔（Bruce Caldwell）的《哈耶克的挑战》（*Hayek's Challenge*, Chicago: University of Chicago Press, 2004）。

用，以及知识在经济学家们讨论市场时的作用。更具体地说，他开始重新定义价格的功能，也被迫更清晰地阐明经济学的任务。在哈耶克参与这两次辩论期间，经济学正在发生某些根本性变化。这些变化使得哈耶克更加难以传达他从门格尔、米塞斯以及其他人那里继承的奥地利学派基本见解。新的经济学者所受的学术训练让他们看待这门学科的方式发生了变化。对于这样的新听众，哈耶克必须为奥地利学派的观点提供一种不同的表述。他希望，在经济学研究方式已经改变的情况下，新的表述在语言上更为有效。

哈耶克在早期就尖锐地指出，问题在于均衡概念在经济学中所处的中心地位。尽管从门格尔开始，奥地利学派就关注市场过程和市场的动态特性，但是到了 20 世纪 20 年代至 30 年代，经济学界已将经济学的任务缩小到描述经济均衡的特性。其目标不是解释经济体如何对变化作出反应，而是查明特定的均衡结果（特别是具有最优特性的均衡结果）是否可能和是否稳定，以及外生变化如何导致新的均衡。这些"比较静态分析"（comparative statics）的练习与奥地利学派方法以过程为导向的动态分析形成了鲜明对比。

1937 年，哈耶克试图澄清保持经济均衡的必要条件，以及这些条件对经济分析的意义。他在论文《经济学与知识》（"Economics and Knowledge"）中，开始以经济主体的知识来界定均衡。他认为，一个经济体处于均衡状态意味着：

社会中不同成员的预期在某个特定的意义上必须是正确的——每个人的计划都基于正确地预见到其他人打算做什么，并且所有这些计划也都基于对同样的一系列外部事实的预期，所以在这样确定的条件下，没有人有任何理由改变他的计划。[1]

换句话说，正确的预期不是均衡的"前提条件"（precondition），而是"定义均衡状态的关键特征"（the defining characteristic of a state of equilibrium）。对均衡有了这样的认识后，哈耶克把知识放在理解经济学任务的前沿和中心方面。如果均衡是这门学科的核心，那么经济学家就必须严肃地讨论知识。如果均衡被定义为"正确的预期"，且均衡有助于解释现实世界，那么根本问题就变成了人类怎样才能对外部事实和彼此的计划产生正确的预期。突然，经济学就完全变成了与如何获取和使用知识相关的问题。

在那篇文章的后面，哈耶克说，市场趋向均衡的主张必须被理解为：

在一定的条件下，社会不同成员的知识和目的越来越趋于一致，或者，用不那么普遍也不那么精确但更具体的说法来描述这件事就是：人们的预期，特别是企业家的预期，将变得越

---

[1] 哈耶克：《经济学与知识》，见于《经济学刊》（*Economica*, IV, 1937），第33—54页，后收录于哈耶克的《个人主义与经济秩序》，第42页。

来越正确。[1]

这一说法意味着在审视市场或任何其他经济制度的有效性时，我们应该探究它们在多大程度上能够让人们相互学习。如果从经验得知，市场倾向于均衡，那么一定是因为市场有某些因素让人们有可能了解其他人的需求，以及他们对各种东西的评价如何，人们的预期才能不断趋于正确。因此，问题在于这是否会发生、如何发生，以及什么样的制度能最好地实现这种情况。

对于这些问题，哈耶克在几年以后，也就是 1945 年给出了明确答案。在可能是哈耶克最著名的一篇文章，也是经济学史上被引用最多的文章之一——《知识在社会中的运用》（"The Use of Knowledge in Society"）之中，哈耶克提出，是价格体系让人们能够在市场中相互学习。[2]价格是市场主体所拥有的潜在知识的替代品，从而使人们能够更好地协调彼此的预期和行动。哈耶克将社会秩序问题框定为解决知识分工的问题，知识分工与劳动分工是相互平行的问题（过去劳动分工一直是理解市场的核心）。他还认为，关键问题是什么样的经济体制，或者更具体而言，是市场的分散计划和竞争，还是集中计划，将"更充分地利

---

[1] 哈耶克：《个人主义与经济秩序》，第 45 页。

[2] 哈耶克：《知识在社会中的运用》。

用……现有的知识"。[1] 接着他明确指出，所涉及的知识不仅是那种可以用文字或数字表达的知识，还包括与"特定的时空环境"（the particular circumstances of time and place）相关的知识，这些知识"不能以统计形式传达给任何中央机构"。[2]

价格体系让我们能够通过价格变化的方式来传达这些信息——价格会随着经济主体买/卖或不买/不卖的决定而变化。更准确地说，价格是知识的"替代品"。它们并不实际传递信息，但它们能够使我们**像拥有这些信息那样**行动——这是参与全球市场的数十亿人不可言传的知识（the inarticulate knowledge）。没有人通晓一切，但价格体系使我们的视野重叠在一起，从而让我们的知识能够为他人所用。在那篇文章中，哈耶克还提醒我们，价格要能最好地发挥这一功能，就不能太僵硬。比如，价格的上限或下限就削弱了价格发出的信号的准确性，因为它们阻止价格对市场中任何一方的知识变化作出反应。同样，当政策误导造成扭曲，价格反复无常、过分波动时，就像无线电信号被静电屏蔽一样。经济主体不知道哪些变化是真实的、哪些是政策的骗术。通货膨胀可能是这种政策最好的例子，它使得"特定的价格变化意味着什么"更难以回答，从而使企业家和消费者更难协调他们的预期。再来看看我们在第七章对奥地利学派经济周期理论的讨论：通胀如何推动

---

[1] 哈耶克：《知识在社会中的运用》，见于《个人主义与经济秩序》，第79页。

[2] 同上书，第80、83页。

市场利率低于自然利率——这是一个很好的例子，由于政策的误导，价格发出了"噪声信号"。构成经济周期中繁荣时期的那些错误是价格不能自由表达真相的后果。

哈耶克的"价格是知识替代品"的观点与第五章所讨论的米塞斯货币计算的研究相对应。[1] 哈耶克关注的是价格让知识能被更多人利用的人际功能，而米塞斯货币计算的研究则强调价格对试图在不确定的世界中选定方向的个人的作用。换句话说，米塞斯的研究看到的是自发秩序定义中的"人的行为"（of human action）部分，而哈耶克关注的是"非人的设计"（not human design）的部分。以奥地利学派有时使用的术语来说，米塞斯采取的是行为学的方法（praxeological approach），展示价格如何帮助个人理性行动，而哈耶克则着眼于价格引出的交换秩序（catallaxy），即由交换产生的非意图性秩序（unintended order created by exchange）。

关键在于这两种看待价格和知识的方式都是同一过程的一部分。哈耶克这一时期关于知识的论文没有过多讨论企业家精神或货币计算或盈亏的作用。反过来，米塞斯在计划经济计算辩论和后来的《人的行为》中对货币计算的研究也都没有过多谈论哈耶克的这些论点（尽管有所关注）。他们有各自的论述重点，这在很大程度上是由他们在不同语境下所面对的听众所驱动的。但将二人的观点结合在一起，则提供了一套完整无

---

[1] 参见史蒂文·霍维茨：《货币计算与意外的扩展秩序》。

缺的解释：通过市场的价格和盈亏信号，使得他人能够获得我们（通常是私有）的知识，价格由此引导各个经济主体的行为。价格在事前影响我们的行动，而盈亏（这是出现了一套新价格的结果）告诉我们，我们的决定是否创造了价值。这些盈亏数据以及产生这些数据的新价格为下一轮决策提供了信息。以这种方式将米塞斯和哈耶克的观点融为一体，既提供了奥地利学派对微观经济过程的核心理解，也帮助我们理解了为什么各种形式的计划经济以及通常情况下的政府计划，永远不能取代或超过市场价格的能力——利用渗透在经济决策之中的分散的、与环境相关的、默会的知识的能力。市场价格帮助我们克服了"知识问题"，其作用无可替代。尽管市场价格不是经济发展的充分条件，却是其必要条件。

　　哈耶克在重新思考经济学本质的同时，也在重新思考经济学在知识结构中的位置。他认为，计划经济者和凯恩斯主义者误解了市场是如何运作的，但他也开始相信，他们之所以如此，是因为他们误解了经济学作为一门社会科学的性质和任务。20世纪40年代后期，哈耶克试图以一系列文章为经济学的主观主义辩护，后来这些文章于1952年结集出版为《科学的反革命》（*The Counter-Revolution of Science*）。[1] 他的论点的本质是，人类行为的科学不能像自然科学理解物理世界的物体那样**理解**人类，因为人类是在基于对现实的感知而进行有目

[1] 哈耶克：《科学的反革命》（Indianapolis: Liberty Fund Press, 1952）。

的的行动。如果只是记录人的物理运动轨迹，那么就无法真正理解人类的行为。人们必须理解事物对人的意义，才能理解他们的选择，这就要求任何社会科学都应以行为人的感知为基础。

像所有其他社会科学一样，经济学必须从内部开始向外研究。人类如何感知世界，以及这些感知如何导致他们的行为是经济学的核心："就人的行为而言，事物是什么取决于行为人认为它是什么。"[1]是什么让某件物品成为工具、货币或在一般意义上具有价值？不是该物品的物理属性，而是人类认为他们利用该物品能够实现的目的。因此，让经济理论得以开始建立的"资料"（data）是行为人的观念、思想和感知。这些"资料"不会以整体的形式提供给任何人，经济学的任务是解释基于主观感知的行为如何在社会中产生有序的但非意图的结果模式。哈耶克为奥地利学派长期以来的主观主义传统提供了强有力的辩护，明确指出米塞斯的著作是这种方法的典范。哈耶克时代的经济学（也可以说是今天的经济学）的失败之处在于，它错误地尝试将自然科学的方法应用于社会科学。自然科学的方法对那些既无感知也无选择的研究对象是适用的，但对于社会科学的研究对象而言，感知、意义和意图才是至关重要的。

哈耶克不是求确定的均衡解，而是在经济学和社会科学中

---

[1] 哈耶克：《科学的反革命》，第44页。

主张他所谓的"综合"（compositive）方法。[1] 哈耶克的"综合"是指我们应该从简单的个体选择现象开始，并以此为基础，构建对社会复杂现象的解释。经济学不是为了"解释"个人选择，这是心理学的任务；相反，它要解释的是如何从个人选择中出现计划之外的有序结果模式。正如我们前面提到的，在《人的行为》一书中，米塞斯指出，门格尔的货币起源理论是哈耶克所说的经济学综合方法的原型。米塞斯和哈耶克所做的都是展示经济学的主观主义方法为什么仍然能够产生客观的知识，以及忽视这些规律的后果。

　　将经济学理解为一个协调问题意味着这门学科的任务是要解答这个问题：虽然人们具有的知识是主观的、部分的，但为什么能够通过市场制度，特别是价格机制，成功地与其他陌生人协调相互的知识和预期？综合方法使奥地利学派能够专注于这种（通常是不完全的）协调发生的过程，而不是详细描述均衡中充分且完全协调的特征。经济学家错误地认为，以更有权威的自然科学方法来描述优美的均衡状态，就可以解释真实市场如何运作，并且错误地相信，确认产生均衡的条件是经济学的适当方法，而不是展示秩序是如何在正确的规则和制度下自发产生的，他们由此走上了一条错误的道路，从而容易受到计划主义和凯恩斯主义的误导。哈耶克关于知识、价格和主观主义的研究对其后数十年间奥地利学派经济学的复兴起到了关键作用。

---

[1] 哈耶克：《科学的反革命》，第 4 章。

竞争、企业家精神与市场的发现过程

哈耶克在20世纪40年代和50年代的著作，以及米塞斯的《人的行为》在很大程度上被主流经济学界忽视了。一般均衡范式接管了微观经济学，而凯恩斯主义迅速统治了宏观经济学。在两次世界大战期间，奥地利学派经济学家要么逐渐凋零，要么放弃了奥地利学派的范式，成为主流经济学的一分子。[1]到1960年左右，奥地利学派传统仅仅剩下了纽约大学的米塞斯、芝加哥大学社会思想委员会的哈耶克、南非威特沃特斯兰德大学（the University of Witwatersrand）的路德维希·拉赫曼，这些人在纽约市经济教育基金会（the Foundation for Economic Education）的帮助下苟延一息。不过，在20世纪60年代初，我们已经可以看到最终形成奥地利学派复兴运动的萌芽，当时米塞斯的博士生伊斯雷尔·柯兹

---

[1] 关于现代奥地利学派复兴的故事，讲得最好的是卡伦·沃恩（Karen Vaughn）：《奥地利学派在美国》（*Austrian Economics in America*, Cambridge, MA: Cambridge University Press, 1994）。

纳在纽约大学获得了教职，开始了他对奥地利学派长达数十年的贡献。此外，那时穆雷·罗斯巴德也在纽约，他在哥伦比亚大学攻读博士学位时加入了米塞斯纽约大学的研讨会。罗斯巴德在 20 世纪 60 年代的贡献也将成为奥地利学派复兴的重要组成部分。本章我将探讨柯兹纳的研究如何重振奥地利市场过程理论，下一章，我将探讨奥地利学派宏观经济学的复兴，其中有很多是罗斯巴德 20 世纪 60 年代一些研究的延续，以及对之批判性的回应。

到了 20 世纪 60 年代，主流微观经济学已由一般均衡理论，特别是完全竞争模型所主导。在两次世界大战之间，这种方法已经开始成为经济学界理论共识的一部分，促使哈耶克在 1946 年撰写了论文《竞争的含义》（"The Meaning of Competition"）。[1] 在 20 世纪 60 年代至 70 年代初，这种理论共识影响了政策的制定，包括法院和联邦贸易委员会（Federal Trade Commission）等机构思考竞争、垄断和反托拉斯等问题的方式。完全竞争模型描述了资源最优配置的必要条件。具体而言，它认为，如果存在大量的小公司，每个小公司都生产一种完全相同的商品，并将市场价格视为给定；如果这些公司有进入和退出市场的自由；如果市场主体拥有完全的相关知识，那么市场就会将所有商品配置给价值最高的用途，

---

[1] 哈耶克：《竞争的含义》，原为 1946 年在普林斯顿大学的演讲，后收录于《个人主义与经济秩序》。

由此产生可能的最大价值。无论是企业还是家庭，都无法采取任何不同的做法，在不让别人变得更糟的情况下，让自己变得更好。如果所有市场都具备完全竞争的条件，经济将处于一般均衡状态。既然完全竞争具有最优的性质，那么对于决策者而言，试图让现实世界看起来像完全竞争模型就是顺理成章的了。其结果是，比如，在一些合并案中，即使是小型公司也被禁止合并，理由是合并会减少公司的数量、扩大其规模，从而降低市场的"竞争性"（competitiveness）。

哈耶克在 1946 年的演讲中，指出了完全竞争模型问题的本质：它错误地将竞争视为一种静态状态，而更正确的理解是把竞争视为一种动态过程。他认为，这个过程是一个传播知识的过程。完全竞争模型的关键假设是行为人有完全的知识。哈耶克提出（如他在计划经济辩论和与凯恩斯的辩论中所做的那样），这种假设排除了最重要的问题："只有通过竞争过程，事实才会被发现。"[1] 稍后他补充道："竞争的功能恰恰就是告诉我们，**谁**会很好地为我们服务。"[2] 主流经济学创造了一个模型，假设人们知道他们需要知道的一切，从而抹去奥地利学派所认为的竞争性市场的关键功能。我们在前面章节讨论过，市场让我们能够克服自身知识不完整和不可言传的局限，并向他人学习，以便更好地与他们协调。描述一个完全协调的假想市

---

[1] 哈耶克:《个人主义与经济秩序》，第 96 页。

[2] 同上书，第 97 页。

场可能有一定的美学吸引力，但对于解释市场怎样让我们达到我们所能达到的协调程度（尽管可能很不完美）几乎没什么用。

柯兹纳在 1973 年出版了《竞争与企业家精神》一书，全力以赴加入这场讨论。在这本著作中，柯兹纳有条不紊地讨论了当时经济学家使用的各种竞争和垄断模型，以奥地利学派强调过程和学习而非均衡的观点对其进行批判性评价。柯兹纳发现，这些模型都缺失了企业家。柯兹纳著作的贡献在于，为哈耶克提出的问题（竞争性市场如何帮助我们学习？）提供了一种米塞斯式的解决方案（企业家），然后运用对市场的这种理解来说明主流经济学各种均衡相关模型的弱点。柯兹纳的著作描述了企业家的市场过程，并明确将其置于主流经济学的问题和学术的背景之中，这对奥地利学派在 20 世纪 70 年代末之后的 40 年里不断加强的复兴起到了重要作用。

在柯兹纳的著作中，企业家是看到机会消除市场主体之间的相互无知的人。回到我们前面的例子，假设在街的一边苹果的售价是每磅 2 美元，在另一边卖 3 美元。以 2 美元卖的人不知道他们能卖更高的价格，以 3 美元买的人也不知道街对面有更便宜的苹果。柯兹纳认为，企业家精神就是对这样的机会保持**警觉**的行为。街道两边的人都处于这种无知之中，利用这种**对机会的认知**，他们能最大化自身的效用和利润，即在他们所知的"手段—目的"（means-ends）框架内尽其所能。在认识到这种无知之前，企业家也是在同样的"手段—目的"框架下行事，不过，当企业家认识到他们相互之间的无知，并看到获利机会时——比如以 2.25 美元的价格在街的一边买进苹果，以 2.75 美元的价格在另一边卖出苹果——那么现在他对相关的"手段—目的"就有了全新的认识。而当他以这种新的认识行动时，街道两旁苹果市场的参与者也会发现他们原来的看法是错误的。在企业家警觉到这一点之前，所有各方既不知道有改善的机会，也不知道有让行动更加协调的机会。

对于柯兹纳来说，这些企业家行为才是竞争的本质。当我们的企业家出价高于其他买家——他为苹果出价 2.25 美元时，他参与了竞争行为，而他把 3 美元的苹果降价到 2.75 美元出售时也是如此。在柯兹纳看来，竞争富有企业家精神，而企业家精神充满竞争。在奥地利学派经济学家的观念中，竞争和企业家精神所做的就是剥落市场主体的"纯粹无知"（sheer ignorance）。这种纯粹无知与其他形式的无知区别在于，我们不知道所不知道的是什么。柯兹纳区分了"搜索"（search）和"发现"（discovery）[1]。当我们"搜索"某样东西时，我们知道自己要找的是什么，然后我们开始一个有计划的搜寻过程。"搜索"受制于最大化的考虑：在某一点上，"搜索"的成本可能太高，以至于进一步的"搜索"变得不划算。当我们"搜索"时，我们将某种特定的"手段—目的"框架视为给定的，并试

---

[1] 具体例子参见伊斯雷尔·柯兹纳:《发现、资本主义和分配正义》（*Discovery, Capitalism, and Distributive Justice*, New York: Blackwell, 1989），第 2 章。

图最大化收益。例如："我怎样找到我在克利夫兰的朋友的地址?"

"搜索"行为当然**属于**市场的一部分,但它与"发现"不是一回事,"发现"需要消除纯粹无知。假设在找到那个朋友的地址时,我"发现"另一个朋友在我不知道的情况下搬到了克利夫兰。在这之前,我不可能"搜索"那个朋友的新地址,因为我没有意识到我不知道他的地址。这种"发现"行为,包括认识到我没有意识到的无知,正是企业家精神的特征。那些出售苹果的商人不知道,他们没有正确地认识到摆在他们面前的机会。当企业家认识到这些机会时,他就作出了一个"发现",而他后续的行为也会让市场中的其他人意识到新的机会。这就是哈耶克在 1937 年的《经济学与知识》一文中指出的学习过程,而正是企业家(这是米塞斯著作的核心,特别是在《人的行为》中)的警觉引发了新的学习,并使这种学习过程所产生的知识能为他人所用。用哈耶克后来一篇文章中的话说,竞争是一个"发现过程"(discovery procedure)。[1]企业家行为是我们克服相互之间无知的方式,它构成了一个过程,通过这个过程,价格可以更好地发挥作用,成为不断变化的知识的替代品。

---

[1] 哈耶克:《竞争是一个发现过程》("Competition as a Discovery Procedure"),见于《政治、哲学、经济学和思想史新研究》(*New Studies in Politics, Philosophy, Economics and the History of Ideas*, Chicago: University of Chicago Press, 1978)。

第九章　竞争、企业家精神与市场的发现过程

　　柯兹纳把重点放在经济理论中非常精细的一个问题上：经济体为什么能够从纯粹无知的情况下转变成更为协调的经济体？他试图以回答这个问题的方式解释"看不见的手"的运作，或者，用他同时代人的话说，经济体是如何趋于均衡的。柯兹纳的观点也与我们之前关于资本和计算的讨论相容。一旦企业家察觉到机会，他们就必须调集资源以利用此机会，这就需要汇集互补的资本品（包括"人力资本"），并在现有市场价格的基础上制订行动计划和预算。该计划将接受市场的检验，由此产生的利润或亏损将告诉企业家其认知的准确性。然后，他们进行下一轮机会认知、规划和预算，并重复这一过程。这是动态的市场过程，由企业家对消费者的需求和如何最好地生产相关商品的认知所驱动。企业家就像科学家一样，以预算和生产计划的形式提出一个假设，然后在具有不确定性的世界中，根据消费者的需求对其进行检验，而盈亏则是通往成功的指南。

　　这种竞争和企业家的构想与主流的完全竞争模型和更普遍的产业组织模型迥然不同。主流经济学家运用各种模型，试图显示不同市场结构对社会福利的影响。如前所述，完全竞争提供了最优的结构，任何偏离该模型的行为都将减少生产者和消费者的总收益。主流经济学将垄断权力定义为完全竞争的所有假设都不成立，特别是关于企业规模、企业对价格的影响，以及产品同质性的假设。大公司、对价格有影响力的公司或产品差异化的公司，都破坏了完全竞争的"完全"。这种方法导

致的结果是不仅把现实世界中所有偏离完全竞争的情况都视为"市场失灵"（market failures），而且经济学家认为，他们可以知道某个产业的理想结构"应该"是什么。直到今天，这种观点仍影响着联邦监管和反托拉斯立法。[1]

从奥地利学派的观点来看，问题在于这些模型都存在"伪装"的知识。任何人都没办法知道某个产业的"正确"结构是什么。我们无法提前知道应该有多少公司参与竞争，或者它们应该是多大或多小的公司，弄清楚这些事情正是竞争性的企业家在市场过程中做的事。比如，当公司合并时，他们正在验证一个企业家假设，即一家大公司是不是比两家小公司更有能力创造价值和利润。对该假设唯一的检验是真实市场上的盈亏检验。无论经济学家、法官还是官僚，都既不具备知晓理想市场结构所必需的知识，也完全没有理由认为偏离完全竞争的结果就是"失灵"——不管是在什么意义上的"失灵"。企业就是利用各种竞争策略，通过更好地服务消费者来赚取利润的机构。

奥地利学派的经济学家更感兴趣的是，在什么样的制度框架下，企业家的"发现"才能最好地为消费者服务。奥地利学派并不假装知道哪种市场结构会做到这点；相反，他们希望能

---

[1] 奥地利学派对此的早期论述，参见多米尼克·T. 阿门塔诺（Dominick T. Armentano）：《反垄断与垄断：政策失误剖析》（*Antitrust and Monopoly: Anatomy of a Policy Failure*, 2nd ed. New York: Holmes and Meier, 1990）。

够让企业家通过对抗性的竞争来找出这个结构。在竞争性的市场中，价格和其他信号将为企业家提供必需的激励和知识，以更正确地预测消费者的需求，并验证企业家对未来的看法是对是错。

请注意这对我们理解垄断权力的影响。奥地利学派并不认为偏离了完全竞争理想（如企业有影响价格的能力，规模大，或生产差异性的产品）就是垄断的证据，而是将所有这些视为企业参与竞争的方式。如上所述，合并是一种竞争策略，企业以各种方式修改自己的产品，使其有别于其他公司的类似产品也是一种竞争策略。给手机加装摄像头不是垄断行为，而是一种竞争形式，为消费者提供了一种可能更有价值的产品。带有后视摄像头（backup cameras）的汽车是差异化竞争的另一个例子。这都是在面对无知和不确定性时，通过竞争性的企业家行为，发现消费者喜欢什么商品，以及如何最好地制造这些商品。

相比之下，真正的垄断是指现实的或潜在的企业家因为法律障碍而无法行使其企业家判断。这一现象最明显的例子是企业要获得政府许可，才能提供特定的商品和服务，就像许多城市的出租车公司那样，这使得优步（Uber）或来福车（Lyft）的司机不可能与之竞争。进入（和退出）市场的法律障碍堵塞了市场的"发现"过程，禁止了那些发现新机会（不管是生产某种竞争激烈的产品还是以某种方法提供一种与现有产品略有不同的版本）的企业家将他们的认知付诸行动。如完全竞争模型所预测的那样，受到保护而免于这种竞争影响的企业确实会生产更少和／或质量更差的产品，同时有可能要价更高。但真正的垄断权是受保护的，不受他人新想法的影响。就如何最好地服务消费者而言，存在相互竞争的不同观念，竞争性的市场便是各种观念的试验场，在此意义上，真正的竞争可被称为"无须许可的创新"（permissionless innovation）。[1] 奥地利学派认为，竞争政策就是允许市场的"发现"过程运作，没有法律强加的进入壁垒，没有对现有大公司的其他保护——往往是现有大公司自己要求的这些保护。自由进入并为所有竞争者提供公平的竞争环境，将确保企业家的逐利行为能够实现经济协调，并为消费者创造最大价值。

---

[1] 参见亚当·蒂雷尔（Adam Thierer）:《无须许可的创新：全面技术自由的持续理由》(*Permissionless Innovation: The Continuing Case for Comprehensive Technological Freedom*, 2nd ed. Arlington, VA: The Mercatus Center at George Mason University, 2016)。

第十章

现代奥地利学派的
货币理论与宏观经济学

柯兹纳在 20 世纪 60 年代和 70 年代初的研究为奥地利学派的复兴奠定了微观经济学基础，与之相似，穆雷·罗斯巴德的工作，特别是他 1963 年的著作《美国大萧条》（*America's Great Depression*），则启发了这场奥地利学派复兴中宏观经济学方面的许多研究。罗斯巴德的书在开篇部分提供了奥地利学派经济周期理论的一个更新版本，接着讨论了导致 1929 年经济崩溃的 20 世纪 20 年代的货币扩张，最后几章讨论了胡佛时代以及胡佛的政策如何加剧了经济崩溃的影响。引人注意的是，这部著作第一章所阐述的周期理论包含对部分准备金银行的批评，并为以黄金为基础的百分之百准备金的银行体系的进行辩护，认为该系统是唯一能抵御通货膨胀和商业周期的保护措施。这种观点在当时较年轻的奥地利学派学者中引起了争议，他们从多方面努力构建货币理论和政策的替代性框架，复兴时期奥地利学派宏观经济学进展好几项中心议题由此开始讨论。

首先需要澄清的一点是，"奥地利学派宏观经济学"（Austrian macroeconomics）并不是一个矛盾的术语。多年来，奥地利学派，包括米塞斯和哈耶克，一直对整个"宏观经济学"的概念嗤之以鼻，而且许多奥地利学派学者至今仍是如此。他们的主要反对意见是经济学必然与相对价格和微观经济的协调相关。加总变量（如凯恩斯模型中的消费、投资和政府支出）具有因果效应，并且可以在一定程度上独立于微观经济的选择来理解，这种观念遭到了摒弃，哈耶克对凯恩斯的批评也是基于这一点。这些批评是有道理的，也许"现代奥地利学派宏观经济学"更好的叫法是"现代奥地利学派货币经济学"，但是"宏观经济学"一词仍然具有价值。奥地利学派试图回答许多与现代宏观经济学相同的核心问题，但它运用的方法截然不同。一旦我们意识到对货币供应的干扰将对整个相对货币价格体系产生系统性的扭曲效应，就可以把"宏观经济学"理解为对这些价格扭曲和微观经济失调所形成的整个经济体范围内的系统性模式之原因及其后果的研究。借用奥地利学派经济学家罗杰·加里森（Roger Garrison）的话来说，宏观经济的问题可能存在，但只有微观经济能给出答案。要理解为什么经济会受到衰退和通胀等总体波动的影响，要求我们为这些整个经济体范围内的"宏观经济"问题寻找系统性的"元凶"。我们可以从货币政策的胡作非为扭曲了微观经济的价格协调过程来理解。这是**奥地利学派**宏观经济学合理的研究领域。

在复兴时期，奥地利学派货币理论和宏观经济学研究主要在三个方面延伸：劳伦斯·怀特（Lawrence White）和乔治·塞尔金（George Selgin）对自由银行历史和理论的发展；塞尔金的著作和我的研究中运用货币均衡理论作为货币经济学和宏观经济学的基础；罗杰·加里森对奥地利学派经济周期理论的各种扩展，特别是他的著作《时间与货币》（*Time and Money*）[1]。所有这些研究随之被应用于各种问题，特别是用于理解 21 世纪初金融危机和大衰退的原因与后果。

1984 年，劳伦斯·怀特的《英国的自由银行》（*Free Banking in Britain*）一书出版，这是奥地利学派宏观经济学中的罗斯巴德框架首次遭到质疑。怀特提出了一个简洁的理论模型，描述了竞争性的部分准备金银行（他称之为"自由银行"体系）如何避免通货膨胀，进而避免商业周期。他用该框架探讨 19 世纪上半叶苏格兰银行系统的历史。怀特认为，那个时代竞争非常激烈的部分准备金制度在控制通胀方面颇具成效，而且很少受到银行挤兑的影响，储户的损失也非常小。此外，他还对当时的货币学家重新进行了分类，确立了一个"自由银行学派"（Free Banking School），该学派有别于长期

---

[1] 劳伦斯·怀特：《英国的自由银行》（Cambridge: Cambridge University Press, 1984）；乔治·塞尔金：《竞争性纸币发行下的自由银行货币供应理论》（*The Theory of Free Banking Money Supply under Competitive Note Issue*, Totowa, NJ: Rowman and Littlefield, 1988）；史蒂文·霍维茨：《微观基础与宏观经济学》；罗杰·加里森：《时间与货币》。

存在的通货学派（Currency School）与银行学派（Banking School）。怀特将理论与历史相结合，不仅为奥地利学派货币理论提供了一种替代性的理论框架，而且为防止通货膨胀和商业周期提供了一套替代性的货币制度。

4年后，乔治·塞尔金扩展了怀特关于"竞争性的部分准备金银行可以确保货币供应与货币的持有需求"的理论观点的阐述。维持这种关系将保证市场利率与自然利率挂钩，从而避免任何暴涨的泡沫，也就避免了任何泡沫的破灭。这种观点的基础是，在每次交易中，货币充当了一半的角色，货币供应的过剩或不足将"溢出"（spill over）到实际商品和服务中。如第七章的讨论，人们对货币的需求是一种持有实际余额（特定量购买力）的需求。我们需要货币（当我们持有它时），因为它为我们提供了若有所需、随时可用的服务，这在一个不确定的世界中至关重要。另一个关键要点是货币以惯常的方式进入我们的余额，比如，当我们获得工作报酬或出售资产时，就会得到货币。这样的话，在任何时间点上，我们实际的货币持有量都有可能与我们所需的货币持有量不同。当我们实际的货币持有量等于我们所需的货币持有量时，我们既没有动力去花掉余额，也没有动力去限制消费、积攒余额。这种情况被称为货币均衡（monetary equilibrium）。然而，当我们发现自己持续持有的购买力比期望的更多时，就会通过购买商品和服务进行投资组合互换（portfolio swap），减少我们持有的货币，而增加我们持有的其他东西；相反，如果我们发现自己持续缺乏实际购买力，便会在自己的控制范围内做一件事情来补救，即限制消费，让我们的货币余额恢复到想要的水平。

当我们花掉货币余额或减少消费以恢复货币持有量时，价格将分别上涨和下跌（在其他条件不变的情况下）。从货币均衡的角度来看，这些变化就是通货膨胀和通货紧缩。其中，通货膨胀是货币供应过剩，通货紧缩是货币供应不足。[1] 如果货币体系所产生的货币数量能够匹配实际货币余额的需求，那么这两种情况都可以避免。塞尔金的观点是，在自由银行体系中，银行创造的货币只有某些商品的部分支持，但仍能够保持货币均衡，并避免通货膨胀与通货紧缩。

在自由银行体系下，表现为银行负债形式的货币需求，如支票账户或通货，代表储蓄。当我们所背的这些负债增加时，就向银行体系提供了可贷资金。银行所发行的货币的供应量与可贷资金（投资）的需求有关。当银行根据支票账户持有人的储蓄或存款发放贷款时，它们是在向企业家提供投资资金。大体而言，当银行系统通过提供人们希望持有的货币量来维持货

---

[1] 参见史蒂文·霍维茨：《资本理论、通货膨胀与通货紧缩：奥地利学派理论与货币失衡理论比较》（"Capital Theory, Inflation, and Deflation: The Austrians and Monetary Disequilibrium Theory Compared"），见于《经济思想史杂志》（*Journal of the History of Economic Thought*, 18, 1996），第 287–308 页。

币均衡时，它也保持了投资与储蓄相等。[1]这种相等至关重要，因为它意味着市场利率是潜在自然利率的准确反映。如果是这样，那么保持货币均衡将避免通货膨胀、通货紧缩，以及商业周期。

在《竞争性纸币发行下的自由银行货币供应理论》以及后来的一本专著中，塞尔金阐述了价格水平如何既受到货币的影响，也受到实际因素的影响。[2]上面的讨论说明了货币市场的不均衡如何导致通胀和通缩，然而，这并不是影响整体价格水平的唯一因素。生产力的变化也有这种效果。随着经济体的生产率提高，商品和服务的价格应该下降。在大致维持货币均衡的健康经济体中，我们预计会看到价格水平下降。从奥地利学派的角度来看，关键是人们不能仅仅观察价格水平就知道是不是存在有害的通胀或通缩。由货币失衡引起的通胀或通缩会造成损害，但由于生产力变化引起的价格变化是可取的，因为正如哈耶克和其他奥地利学派学者讨论的那样，这些价格变动恰恰反映了其背后的稀缺性变化。

---

[1] 某些奥地利学派经济学家（如罗斯巴德在《人，经济与国家》一书中）认为，部分准备金银行制度不会实现投资和储蓄的协调，因此必须要求100%的准备金。这种基于对银行货币需求的本质及其与储蓄关系的误解的观点已被本章描述的更现代的观点所取代。关于该问题的更多信息，参见乔治·塞尔金：《竞争性纸币发行下的自由银行货币供应理论》。

[2] 乔治·塞尔金：《小于零：经济增长中物价水平下降的理由》（*Less than Zero: The Case for a Falling Price Level in a Growing Economy*, Hobart Paper #132, London: The Institute of Economic Affairs, 1997），第68页。

在历史上，经济学家理解货币对经济影响的一个框架是交易方程式（the equation of exchange）。如果 M 代表货币供应量，V 代表货币流通速度（给定货币在一定时期内的转手次数，它也与持有货币的需求成反比），P 代表价格水平，Y 代表实际收入，我们知道 $M \times V$ 一定等于 $P \times Y$。方程 $MV = PY$ 就是表明支出的货币总额（M 乘以 V，或货币供应量乘以其平均周转率）必然等于出售的所有商品的名义价值（P 乘以 Y 就是名义收入）。$MV = PY$ 是一个恒等式，依据定义，它必然为真。因此，如果一个变量发生了变化，那么一个或多个其他变量也必须发生变化，以维持恒等式的成立。

塞尔金和其他货币均衡方法的支持者认为，保持货币均衡等同于保持恒定的 $M \times V$，所以任何影响 Y 的生产力变化必然导致 P 向相反方向移动。[1] 因此，如果我们保持货币均衡，经济增长（Y 增加）将导致价格下降（P 下降）。良好的货币政策并不试图创造一种稳定的价格水平；相反，它应该以货币均衡为目标，从而允许价格水平反映实际生产的变化。试图在生产率正在提高的经济体中保持价格水平稳定将会导致通货膨胀，因为价格水平本**应该**下降。这种货币均衡的视角可以帮助我们理解罗斯巴德和其他人就 20 世纪 20 年代提出的一个观点：尽管价格水平在很大程度上是稳定的，但这种稳定掩盖了潜在的

---

[1] 哈耶克在 1935 年也表达了同样的论点，见其著作《价格与生产》（*Prices and Production*, 2nd ed. New York: Augustus M. Kelley, 1967）。

通胀繁荣，因为那个年代生产力的提高本应推动价格下跌。[1]
这对于理解奥地利学派为什么在货币政策和经济史方面与其他
学派 [包括基本属于自由市场经济的学派，如米尔顿·弗里德
曼（Milton Friedman）及其他芝加哥学派宏观经济学家的货
币主义] 观点不同至关重要。

　　另外，奥地利学派与其他学派的不同之处还体现在对相对
价格效应的强调。宏观经济学大都认为，通货膨胀和通货紧缩
的成本是价格水平整体的变动，但奥地利学派的货币均衡观点
表明，真正的成本来自微观经济价格协调过程的扭曲。[2] 当市
场主体的实际货币持有量超过其意愿，他们花掉这些余额时，
就推高了价格。但没有理由认为这些支出会在整个经济体中平
均分配；相反，对价格的影响是不平衡的，这取决于谁拥有过
剩的货币供应，以及其偏好是什么。有些商品的价格会大幅上
涨，有些则只涨了一丁点。对微观经济协调而言，重要的是一
种商品相对于另一种商品的价格。由于通胀对价格的影响不平
均，一些商品的相对价值上升，而另一些下降。这些变化中的
价格信号是企业家和消费者计算过程的一部分。

　　当我们将奥地利学派的资本理论融入分析中时，这一点就
更加明显了。奥地利学派将主流理论中同质的"K"也进行了
分解，从而更好地理解扭曲的相对价格带来的影响。如果企业

---

[1] 罗斯巴德：《美国大萧条》，第 169–170 页。

[2] 参见史蒂文·霍维茨：《微观基础与宏观经济学》，第 4 章。

家被通货膨胀所产生的新的一套相对价格愚弄，将导致他们投资原本不会去投资的资本品。如果企业家误读了通胀肆虐下的价格，他们便可能投资全新的项目。如果这些价格被证实是通胀的假象，即便企业家意识到自己不该购买那些资本品，这不是正确的花钱方式，也无法收回全部投资。

回想一下，资本品只有数量有限的用途。如果利率发出了关于消费者时间偏好的错误信号，那么可能诱使企业家投资某些资本品，之后，企业家会发现这些资本品并不能正确满足消费者需求。到那时，这些特定商品的价值将低于买入的成本，因为它们不再产生预期的价值。企业家将不得不亏本出售，而买家则不得不另行投资来改造这些资本品，以用于某种次优的新目的。与没有通货膨胀时相比，改造资本品或再培训人力资本的成本是社会的损失。从这个角度来看，奥地利学派经济周期理论可被理解为这种常见故事的一种范例。周期中的繁荣是一种特殊的不良投资模式，由造成人为的低市场利率和跨期价格扭曲的通货膨胀引发。最后，通货膨胀（和通货紧缩）的所有成本都可以被理解为货币失衡的相对价格效应。这就是奥地利学派所说的存在宏观经济问题，但只有微观经济的答案。

大多数关于通货膨胀成本的经济分析把价格水平变动的相关问题作为一个整体来看待，对于那些意料之外的问题更是如此。在历史上，价格上涨之所以被认为有问题，是因为这意味着菜单价格和价格标签必须更频繁更换，而人们可能不得不多次去银行取钱。当然，现代技术已经把这些成本最小化了。最近，主流经济学的重点是在类似合同的东西中预测通胀的成本。但是，这里论及的也是总价格水平的变化。这种方法忽略了上面讨论的微观经济效应。这些相对价格效应在微观经济层面造成了浪费，并导致人们花费资源来保护自己免受通胀的各种影响，就这些效应的程度而言，通胀的成本比通常所认为的要大得多。如果这种微观经济的失调破坏了人们对市场的信心，使得人们更愿意通过政治进程来发家致富或分配资源，那么通胀造成的浪费就更大了。由于高通货膨胀率会破坏货币在交易中的使用，因此，恶性通货膨胀可能导致市场经济崩溃。因为奥地利学派熟悉通货膨胀的相对价格效应，所以他们对通货膨胀的真实成本及其可能造成的损害有更广泛、更好的核算。而主流经济学对总量的关注掩盖了真正的利害关系。

加里森的《时间与货币》一书很好地阐述了奥地利学派与其他学派在方法上的区别。在该书中，他提出了所谓的"以资本为基础的宏观经济学"（capital-based macroeconomics），将之与"以劳动为基础的"（labor-based）主流宏观经济学进行了对比。凯恩斯主义对黏性工资（sticky wages）的关注，以及衡量通胀和失业之间关系的菲利普斯曲线（Phillips Curve）共同催生了货币主义和"新兴古典经济学"（New Classical economics）[1]，

---

[1] 本书将 New Classical economics 翻译为"新兴古典经济学"，以区分于"新古典经济学"（neoclassical economics）。——译者注

第十章　现代奥地利学派的货币理论与宏观经济学

现代宏观经济学一直将重点放在劳动力市场上，将其作为联系微观经济学和宏观经济总量之间的纽带。经济学家普遍认为，通胀可以降低失业率，而失业率降低可能引起通胀，这种看法源于以劳动为基础的宏观经济学观点。加里森将这些方法与奥地利学派基于资本的方法进行了对比。如我们所见，奥地利学派市场过程观点的基础是资本的多重特异性，资本结构的概念包括随时间推移的生产阶段，以及为了配置这样的资本所产生的依赖市场价格进行货币计算的需求。此外，资本结构也是将货币动荡转化为实际变量的波动及其产生的协调失灵的主要传导机制。

　　加里森引入了一个四象限的图形结构，为解释奥地利学派以资本为基础的方法提供了一种可视化工具。他还将该方法与其他思想流派，特别是凯恩斯的方法进行了对比。通过将"哈耶克三角"（Hayekian triangle，代表资本结构）与可贷资金市场和表达消费与投资之间相互关系的生产可能性边界相结合，加里森展示了储蓄的增加如何导致真正的经济增长，而货币的过量供应如何触发了奥地利学派商业周期理论中不可持续的繁荣。他还明确提出了"阶段特异性"（stage-specific）的劳动市场概念，这使得奥地利学派能够将"劳动市场"进行分解，并展示资本结构的变化如何影响不同生产阶段的工资。同样的图表可以用来探讨财政政策如何影响资本结构和增长，以前奥地利学派尚未详细探讨过这一点。加里森的图表还提供了比较奥地利学派方法和凯恩斯方法的简明方式，因为资本结构的假设、可贷资金市场，以及消费和投资之间的平衡关系（这是奥地利学派的独特之处）都清楚地显示了出来。其他奥地利学派学者扩展了加里森的图表，并将其应用于不同的宏观经济问题之中（包括通货紧缩）。[1]

　　进入 21 世纪后，由于 2008 年前后的金融危机和大衰退，奥地利学派宏观经济学在经济学的交流中变得越来越重要。在房地产泡沫时期，一些奥地利学派学者一直在警告，经济状况具有奥地利学派周期理论中繁荣时期的特征。当 2006 年至 2007 年泡沫开始破裂时，许多奥地利学派学者很快就运用各种版本的周期理论给出了解释。2001 年之后，货币供应的扩张明显体现为联邦基金的名义利率和实际利率的下降，在 2005 年前后两年，实际利率甚至为负。这次经济周期的突出特点是，信贷扩张体现在房地产市场上，而不是如经典的奥地利学派故事所暗示的那样，体现在商业贷款中。奥地利学派（以及其他一些人）指出，各种政府法规使得房地产对售房者和按揭购房者都产生了人为的吸引力，这个市场也就成为信贷扩张的主要投放处。房地产投资确实与长期商业资本投资具有相同特征，因此许多奥地利学派理念也同样可以应用于房地产投资。此外，奥地利学派扩展了罗斯巴德关于大萧条的分析，以说明

---

[1] 有兴趣的读者可以查阅加里森精彩的 PPT，关于这一论点的大部分内容在其中。
　　链接：https://www.auburn.edu/~garriro/ppsus.htm。

2008 年金融危机后的几个月乃至几年中，糟糕的政策选择如何加深了衰退并减缓了复苏的效果。[1]

虽然奥地利学派普遍反对美联储扩大权力和使用量化宽松（quantitative easing）政策，但针对美联储在 2008 年秋季危机最严重时期的行动，在奥地利学派内部以及奥地利学派与所谓的"市场货币主义者"（market monetarists）之间也展开了一场有益的辩论。市场货币主义者和大多数奥地利学派同意美联储有义务使用美联储公开市场操作的标准工具来防止货币供应的下降。20 世纪 30 年代初，美联储本该也这样做，但它并没有采取行动。人们很容易认为，减少货币供应量可以解决货币过多的问题，但是，一旦通货膨胀业已发生，价格业已调整，无论之前是否发生了通货膨胀，随后的通货紧缩将产生所有货币紧缩都会产生的相同问题。行动的关键是保持货币均衡。在这一重要问题上，尽管奥地利学派和"市场货币主义者"意见一致，但他们仍继续就美联储应该做多少以及应该持续多长时间等细节展开了健康而富有成效的辩论。

奥地利学派经济的周期理论能够解释这场危机和大衰退的

---

[1] 参见罗杰·科普勒（Roger Koppl）：《从危机到信心：崩溃后的宏观经济学》（*From Crisis to Confidence*: *Macroeconomics after the Crash*, London: The Institute of Economic Affairs, 2014），以及史蒂文·霍维茨：《美国的金融危机》（"The Financial Crisis in the United States"），见于《牛津奥地利经济学手册》（*Oxford Handbook of Austrian Economics*, ed. Peter J. Boettke and Christopher Coyne, New York: Oxford University Press, 2015），第 729–748 页。

众多要素，这让该理论重新成为宏观经济学的分析工具。[1]

两次世界大战期间，米塞斯和哈耶克提出了相对简单的、关注点较为狭窄的商业周期理论，罗斯巴德于 20 世纪 60 年代对该理论做了发挥，源于这些观点，现代奥地利学派经济学有了一个更丰富、更详尽、更有力的框架，不仅可以解释商业周期的繁荣和萧条，还可以解释各种宏观经济现象。这些发展已成为与主流宏观经济学正在进行的对话的一部分，以求能提供比传统标准工具更好的分析。在货币经济学和宏观经济学中，仍然有许多令人着迷的现象，从接近零利率的世界到比特币等加密货币都可以运用奥地利学派的方法进行研究。

---

[1] 参见大卫·贝克沃斯（David Beckworth）编辑的《银行业的繁荣与萧条：大衰退的原因与对策》(*Boom and Bust Banking: The Causes and Cures of the Great Recession*, Oakland, CA: The Independent Institute，2012)。

第十一章

21世纪的
奥地利学派经济学

第十一章　21世纪的奥地利学派经济学

自从门格尔出版了《国民经济学原理》，创建了奥地利学派经济学以来，已经过去了大概150年。这150年见证了奥地利学派的兴盛，然后是衰落，又于20世纪70年代复兴。从复兴开始至今的半个世纪里，奥地利学派蓬勃发展，超越了它在20世纪初的影响力巅峰。在世界各地的多所大学里，受奥地利学派影响的学者拥有数十个终身教授职位，其中包括培养奥地利学派新生代的博士研究生项目。这些大学里的奥地利学派学者在重要的主流经济学期刊上发表其研究成果，在重要的出版社出书，并在研究当今的重要问题时与经济学学科的其他分支坦率交流。其他奥地利学派学者为智库或政府机构工作，不断运用奥地利学派的思想来分析当前的种种事件，并将这些分析纳入公共政策领域的讨论中。在很大程度上，虽然奥地利学派仍然是少数人的观点，但其追随者已能够凭借高质量工作的品质闯入各种专业对话之中。

近来奥地利学派经济学家越发成功的原因有很多。而关键在于现代奥地利学派既拓宽了他们所利用的思想体系，也拓宽了他们试图回答的问题范围。21 世纪的奥地利学派经济学仍然建立在门格尔、米塞斯和哈耶克的基础之上，但奥地利学派学者有意识地找到了将其他经济学传统纳入并作为补充内容的方法。其中最明显的是将公共选择理论（public choice theory），尤其是詹姆斯·布坎南（James Buchanan）的研究融入了奥地利学派的思想之中——布坎南因在这一领域的贡献而于 1986 年获得了诺贝尔经济学奖。长期以来，布坎南都对奥地利学派感兴趣，他试图将政治解释为交易的一种形式（这是公共选择理论的本质），这与米塞斯和哈耶克的交易学方法（the catallactic approach）是一致的。奥地利学派和公共选择学派的方法关注的都是在特定的博弈规则下进行交易的方式，以及这些规则产生可取的或不可取的非预期结果的可能性。这种更广泛的结合视角使年轻一代的学者能够将奥地利学派的思想带入新的讨论中，并在与更普适的框架相结合时，通过展示奥地利学派思想的解释力，加强了奥地利学派思想的影响。[1]

　　最近，许多较年轻的奥地利学派学者也在运用布卢明顿学

----

[1] 参见彼得·J. 博伊特克（Peter J. Boettke）、阿兰·马西亚诺（Alain Marciano）：《弗吉尼亚政治经济学的过去、现在和未来》（"The Past, Present, and Future of Virginia Political Economy"），见于《公共选择》（*Public Choice*, 163, 2015），第 53-65 页。

派（Bloomington School）政治经济学的思想，这些思想源于文森特·奥斯特罗姆（Vincent Ostrom）和埃莉诺·奥斯特罗姆（Elinor Ostrom）的研究。[1]早在埃莉诺·奥斯特罗姆获得2009年诺贝尔奖之前，将这两种观点结合起来的研究就开始了，不过获奖以后，她的研究更加受到关注，这无疑促进了她的学术与现代奥地利学派的洞见有更多融合。布卢明顿学派的理论既强调政治决策的多中心性质，也强调社会可以发展出非正式的规则和规范，以此来解决经济学家感兴趣的许多问题。这种方法自然成为奥地利学派的常用工具。奥斯特罗姆夫妇提供了一种方式，让我们思考：在更大的、更有匿名性的社会群体中的正式产权和其他制度，如何以非正式规则的形式在去中心化的较小社区内发挥作用。将非正式规范视为正式市场过程和大规模政治过程的替代品，为奥地利学派提供了一种方法，运用他们关于分散知识和涌现秩序（emergent orders）的观点来解决主流经济学家可能难以解决的问题。在理解"自执行（self-enforcing）契约和俱乐部的出现是作为惩罚和减少机会主义行为的正式政治结构的替代品"时，该框架尤其富有成效。

近年来，后复兴时期的奥地利学派经济学者运用这种

---

[1] 参见保罗·德拉戈斯·阿利吉卡（Paul Dragos Aligica）、彼得·J.博伊特克：《机构分析与发展的挑战：布卢明顿学派》（*Challenging Institutional Analysis and Development: The Bloomington School*, New York: Routledge, 2009）。

结合的视角，探索传统经济学领域之外的问题。从海盗、战争、监狱帮派到家庭的社会制度，再到分析卡特里娜飓风（Hurricane Katrina）后重建问题的大型研究项目，可以说，现代奥地利学派从事的是以经济学为中心的社会理论的研究。[1] 门格尔的《国民经济学原理》和米塞斯的《人的行为》将经济规律普遍化的愿望与哈耶克关于亲密的和匿名的社会秩序之间差异的研究相结合，创造了一个分析框架，让各种人类社会行为变得容易理解。当代奥地利学派经济学家正从事着一项比较政治经济学项目，该项目植根于门格尔、米塞斯和哈耶克的微观经济学，提供了"分析性叙事"（analytical narratives），以解释现代经济和社会生活的难题。这项现代奥地利学派的研究从行为人的感知开始，解释了从个人（基于其感知到的"手段—目的"框架，以及稀缺性和制度环境施加的限制）所作出的选择中出现的非意图后果的模式，这与主观

---

[1] 参见彼得·利森（Peter Leeson）:《看不见的钩子》(*The Invisible Hook*, Princeton: Princeton University Press, 2009)；克里斯托弗·科因（Christopher Coyne）:《战后：输出民主的政治经济学》(*After War: The Political Economy of Exporting Democracy*, Stanford: Stanford University Press, 2007)；大卫·斯卡贝克（David Skarbek）:《黑社会的社会秩序：监狱帮派如何管理美国监狱系统》(*The Social Order of the Underworld: How Prison Gangs Govern the American Penal System*, New York: Oxford University Press, 2014)；史蒂文·霍维茨:《哈耶克的现代家庭：古典自由主义与社会制度的演变》(*Hayek's Modern Family: Classical Liberalism and the Evolution of Social Institutions*, New York: Palgrave, 2015)。关于卡特莉娜飓风的大型研究以及相关文献的引文，可参见：https://www.mercatus.org/tags/disaster –recovery#1。

主义和自发秩序理论相一致，正是"二战"后哈耶克所描述的社会科学方法论的特征。分析性叙事不仅依靠计量经济学技术，还体现了一种多元的方法，利用了各种定性和定量的经验证据——只要这对于解释所涉的特定问题是合适的。最重要的是，当代奥地利学派学者正在通过主要的大学、学术出版社以及学术期刊发表这项研究的新成果。

这种经济学方法（以及更一般性意义上的社会科学方法）使现代奥地利学派能够有效地参与经济学和政治学等学科，所涉领域包括反垄断、货币政策、商业周期、比较经济制度（comparative economic systems）、不平等、经济史和替代性政治制度的有效性等。奥地利学派以及受奥地利学派影响的学者在所有这些领域（以及其他领域）都作出了重大贡献，在两次世界大战之间达到其鼎盛时期后，该学派从未有过如此盛况。有多个博士项目培养的学者既接受奥地利学派经济学的训练，也接受常常与之相结合的其他相关传统经济学的训练，因此，奥地利学派的前景似乎比以往任何时候都更加光明，有望继续扩大学术范围及其在当代社会科学中的影响。

奥地利学派起源于创立现代新古典经济学的边际革命。前几代奥地利学派经济学家作出了基础性的贡献，至今，这些贡献仍是该领域的一部分。在20世纪中叶，虽然他们的影响被一系列世界大事和思想界的气候变化所掩盖，但他们的思想幸存了下来。20世纪70年代，随着计划经济和凯恩斯主义的失败，许多几十年前被人们所拒绝的奥地利学派思想重获新生，尤其在 1974 年哈耶克获得诺贝尔奖之后。这些思想的韧性是其解释力的体现，但 20 世纪 70 年代之后已过去了数十年，它们必须得到更新，进行批判性评估。现代奥地利学派的概念与曾经的巅峰时期或低谷时期已截然不同，这些思想也要以当代经济学的方式重新表达。迄今为止的证据表明，后复兴时期的这代奥地利学派经济学家成功推进了这一项目：与过去相比，现代奥地利学派经济学是一种实质上不同（尽管二者仍属同宗）的思想探索，许多迹象显示它正在不断发展且不断增强其影响力。研究奥地利学派经济学的悠久历史并不是出于对历史的好奇；相反，如果要掌握当代政治经济学中最重要的思想，然后将之应用于解决现代世界中经济和社会生活的紧迫难题，奥派经济学是必要的基础。

延伸阅读

**卡尔·门格尔:《国民经济学原理》(*Principles of Economics*),
1871 年**

一切从这里开始。门格尔的《国民经济学原理》是奥地利
学派的奠基之作。对于非专业人士来说,本书通俗易懂,而对
于那些在奥地利学派传统中深耕数十年的学者而言,本书仍然
是敏锐洞见的持久源泉。奥地利学派经济学几十年复兴历程中
的一件大事就是深度恢复了门格尔在初创阶段对知识、不确定
性和非均衡过程的见解。

**F.A. 哈耶克:《个人主义与经济秩序》(*Individualism and Economic
Order*),1948 年**

本书与后面的米塞斯著作相辅相成。它们几乎同时出版,
是对 25 年之后奥地利学派经济学真正复兴贡献最大的两本书。
哈耶克的这本书是他在 20 世纪 30 和 40 年代学术论文的合集,
其中不仅包括有关计划经济计算的三篇论文,还包括有关知识

和竞争的三篇论文，这些论文定义了过去半个世纪的奥地利学派经济学，是现代奥地利学派经济学的核心。

路德维希·冯·米塞斯：《人的行为》(*Human Action*)，1949 年

米塞斯的著作是现代奥地利学派近乎百科全书式的思想巨著。它涵盖一切，从经济学的哲学基础到经济学在思想世界中的地位，再到经济学的核心原则。哈耶克的书聚焦于更狭窄但至关重要的经济学辩论，米塞斯的书则是为了向后人阐述经济学的本质。在此意义上，哈耶克和米塞斯的著作可谓珠联璧合。

伊斯雷尔·柯兹纳：《竞争与企业家精神》(*Competition and Entrepreneurship*)，1973 年

如果说哈耶克和米塞斯的著作奠定了奥派经济学复兴的基础，那么，柯兹纳的著作——特别是本书，则体现了哈耶克和米塞斯的思想如何在现代经济学背景下发挥作用。柯兹纳的著作不仅对发展竞争与企业家精神在奥地利学派视野中的核心作用至关重要，而且展示了奥地利学派的理论与当时主流经济学中相关研究的差异。本书是奥地利学派与新古典经济学之间学术交流的典范，从而让奥地利学派的思想得到了学界更广泛的重视。

索 引

（按照原书英文首字母索引顺序排列）

索　引

索　引

索 引

索　引

索　引

索　引

索　引

图书在版编目（CIP）数据

奥地利学派经济学导论 /（美）史蒂文·霍维茨著；
风灵译. -- 上海 ：上海三联书店，2025. 1 -- ISBN
978-7-5426-8644-2

Ⅰ. F091.343

中国国家版本馆CIP数据核字第2024BU6889号

奥地利学派经济学导论

著　　者 /〔美〕史蒂文·霍维茨

译　　者 / 风　灵
责任编辑 / 李　英
装帧设计 / 红杉林
监　　制 / 姚　军
责任校对 / 王凌霄

出版发行 / 上海三联书店
　　　　　 (200041) 中国上海市静安区威海路 755 号 30 楼
邮　　箱 / sdxsanlian@sina.com
联系电话 / 编辑部：021-22895517
　　　　　 发行部：021-22895559
印　　刷 / 固安兰星球彩色印刷有限公司

版　　次 / 2025 年 1 月第 1 版
印　　次 / 2025 年 1 月第 1 次印刷
开　　本 / 889 mm×1194 mm　1/32
字　　数 / 90 千字
印　　张 / 5
书　　号 / ISBN 978-7-5426-8644-2/F·929
定　　价 / 48.00 元

敬启读者，如发现本书有印装质量问题，请与印刷厂联系 0316-5925887